星云大师演讲集

06

宗教与体验

星云大师 著

生活·讀書·新知三联书店

Copyright © 2015 by SDX Joint Publishing Company
All Rights Reserved.
本作品版权由生活·读书·新知三联书店所有。
未经许可,不得翻印。
本书由上海大觉文化传播有限公司独家授权出版中文简体字版。

图书在版编目(CIP)数据

宗教与体验/星云大师著. —北京:生活·读书·新知三联书店,2015.4
(星云大师演讲集)
ISBN 978-7-108-05243-8

Ⅰ.①宗… Ⅱ.①星… Ⅲ.①佛教—通俗读物 Ⅳ.①B94-49

中国版本图书馆 CIP 数据核字(2015)第 017178 号

责任编辑	麻俊生
封面设计	储 平
责任印制	卢 岳 张雅丽
出版发行	生活·讀書·新知 三联书店
	(北京市东城区美术馆东街22号)
邮 编	100010
印 刷	北京市松源印刷有限公司
版 次	2015年4月北京第1版
	2015年4月北京第1次印刷
开 本	880毫米×1230毫米 1/32 印张 7.75
字 数	166千字
印 数	0,001—8,000册
定 价	28.00元

总序　人间佛教正法久住

我们生活在人间,人间有男女老少,人间有五欲六尘,人间有生老病死,人间有悲欢离合。在缺憾的世间,我们如何获得欢喜自在?如何发挥生命的价值?如何拥有安乐的生活?这是我们所要探讨的课题。

佛陀降诞人间,示教利喜,为人间开启了光明与希望;佛陀依五乘佛法,建立了"五戒十善""中道缘起""因缘果报""四无量心""六度四摄"等人间佛教的基本思想。

为了适应时代的发展,我们创办文化、教育、慈善等事业,提出"传统与现代融和""僧众与信众共有""修持与慧解并重""佛教与艺文合一"等弘法方向。多年来,以"佛法为体、世学为用"作为宗旨,人间佛教渐渐蔚然有成,欣见大家高举人间佛教的旗帜,纷纷走出山林,投入社会公益活动,实践佛教慈悲利他的本怀。

2004年，我曾在香港和台北作例行的年度"佛学讲座"，三天的讲题分别为"佛教的生命学""佛教的生死学""佛教的生活学"。我言：生命为"体"，作为本体的生命，是不增不减、永恒存在、绝对、无限、正常的；生死为"相"，每个生命所显露的现象，是有生有灭、变化无常、相对、有限、非常的；生活是"用"，生命从生到死，其中的食衣住行、言行举止、身心活动等等，无一不是生命的作用。因此，体、相、用，三者密不可分。我们既来到世间生活，就有生命，有生命就有生死，三者是一体的，其关系极为密切。因此，整个人间佛教可以说就是"生命学""生死学""生活学"。

之后，我在世界各地演讲《人间佛教的戒、定、慧三学》。所谓戒定慧，有谓由戒生定，由定发慧，由慧趣入解脱，是学佛的次第；在人间生活，更需要断除烦恼才能获得究竟的妙智，才能自在悠游于人间！

1949年，我从中国大陆来到台湾之后，为了适应广大民众的需求，毅然采取面对面的讲说弘法。从宜兰乡村的弘法，到城市各处的聚会；从监狱的开示，到工厂的布教。1975年，在台北艺术馆举行佛学讲座，首开在"国家会堂"演讲佛学之风。接下来，我弘法的脚步，由北至南，由西至东，从学校到部队，从岛内到岛外。近二十年来，随着弘法的国际化，我更是终年在世界各地云水行脚，奔波结缘。

演讲的对象，有一般男女老少的信众，也有大专青年、企业界精英、教师、警察等特定对象。讲说的内容更是包罗万象，经典方面有《六祖坛经》《金刚经》《维摩诘经》《法华经》等，也讲说佛教的义理、特质与现代生活的种种关系，以及佛教对社会、政治、伦理、经济、心理、民俗、命运、神通、知见、因缘、轮回、死亡、涅槃等各种问题的看法。

三十年前,佛光山的弟子们将我历年来演讲的内容,陆续结集成书,并定名为《星云大师演讲集》丛书,二十多年来不知再版了多少次!许多读者将此套书视为认识佛教、研究佛学必读之书,也有不少出家、在家弟子,以此演讲集作为讲经说法的教材。

这套演讲集已缺书好一段时间,不时有人频频询问、催促再版。我重新翻阅,觉得此套演讲集讲说时隔近三十年,抚今追昔,虽然佛法真理不变,人心善美依然;环境变迁有之,人事递嬗有之。因此,决定将此书全新改版,去除与现今社会略微差异之处,重新校正、修订、增删,并依内容性质,分类为《佛光与教团》《佛教与生活》《佛法与义学》《人生与社会》《禅学与净土》《宗教与体验》《人间与实践》《佛教与青年》等册,总字数百余万字。为保存、珍重历史,同时又为方便后人参考、查询,我将演讲的时间、地点记于每篇文章之后。

我出家已超过一甲子,毕生竭力于人间佛教的弘扬与实践,主要是希望全世界各族群能相互尊重,人我能相互包容,社会彼此和谐进步。这套演讲集是为我初期弘法历程,以及一以贯之的人间佛教思想理念的鲜明见证。

出版在即,为文略说弘法因缘,并以心香一瓣祝祷人间佛教正法久住,所有众生皆能身心自在,共生吉祥。

星云　于佛光山法堂

目　录

001	佛教各宗派修持方法
058	当代人修持的态度
076	奇人的修证
097	伟大的佛陀
114	佛陀的样子
132	佛陀的宗教体验
153	阿罗汉的宗教体验
178	菩萨的宗教体验
194	我的宗教体验
226	谈迷说悟

佛教各宗派修持方法

我们应做到禅净融合、显密融合、大小融合、南北传融合、甚至要将传统与现代融合，共同恪遵佛陀的慈心悲愿，融合五乘十宗，修持三学而圆满佛道。

佛陀最初创教时，为了适应众生的根器，说了种种的法门，但当时并未有宗派的分别。后来，由于历代大德依个人研究的不同，而对佛陀一代的教化，作了各种不同、偏重性的探讨，加上个人的修持体验，对经典产生种种诠释，认为自己所阐扬的，最能代表佛陀的教义，衍变所及，乃渐渐形成各种宗派。

在佛教的宗派里，大乘的佛教，在中国产生了八个宗派。这八个宗派中，比较重视义理的宗派有天台宗、华严宗、法相宗及三论宗等，比较重视修行的宗派有禅宗、净土宗、律宗以及密宗等。以下说明各宗的特性、内容及修行方法。

各宗派的特性

佛法传入中国后所形成的八个宗派，各有各的特色，它们的特

点,可用四句话来形容:

> 密富禅贫方便净,唯识耐烦嘉祥空,
> 传统华严修身律,义理组织天台宗。

一、密富

"密富禅贫方便净",是说明在八个宗派里,如果要学密宗,必须经济富有。因为密宗的坛场布置精致庄严,道具的打造材料非金即银,如果是铜质的铸造,则样式众多且需样样齐全,修持、作法需要很长的时间,对于上师更要有优厚的供养。所以,要如法学密,经济上必须富裕,时间上有相当空闲的人,才好修学。

二、禅贫

何谓"禅贫"?想学禅宗,没有钱不要紧,因为禅者的修行生活,无论山林水边,茅蓬之处,只要双腿一盘便可参禅。古代的禅宗祖师大德,有的常年居住山林,吃的是野菜杂果,穿的是粗布麻衣,虽然生活清贫淡泊,但禅定之乐却是无穷的。

三、方便净

"方便净",意思是修行净土宗的念佛法门,不分行业、身份,随时随地都可修持,是最方便的修行法门。

四、唯识耐烦

"唯识耐烦",意指学法相唯识的人必须耐烦,因为法相唯识里面的名相烦琐,义理层次复杂;如果不耐烦,则无法将其头绪弄清楚,如堕五里雾中,所以学唯识必须像学数学一样,要耐得住烦,才能学得通,故名"唯识耐烦"。

五、嘉祥空

"嘉祥空"的嘉祥,是三论宗的嘉祥吉藏大师,由于他是三论宗的集大成者,故三论宗又名嘉祥宗。嘉祥宗所依据的经论为《百论》《十二门论》以及《中论》等三论,而这三论的内容是阐明缘起性空的般若智慧,所以称它"嘉祥空"。

六、传统华严

"传统华严",中国号称是大乘佛教的国家,而中国佛教的大乘思想,就是以华严为中心。近代的佛教领袖——太虚大师,虽主张八宗兼弘,却是以华严思想作为他信仰的根据。《华严经》起源于印度,传入中国后,经过祖师大德智慧的融合,将华严的法界缘起思想,提出种种的观法,寓哲理于实践之中。由于历代大德对华严思想所作的创新与发明,使得华严哲学在中国佛教史上开出了奇葩,成为中国佛教的传统信仰,因此说"传统华严"。

七、修身律

"修身律",佛教的律宗,最讲究修身做人。因为人格完成了才能成佛;把人做好,修身完成,才能进一步开发内心的光明智慧,而证悟最高的真理,所以称为"修身律"。

八、义理组织天台宗

"义理组织天台宗",各宗派中,对佛学义理能建立严密组织,有系统地加以阐发者,当推天台法华为第一。天台智者大师,将佛陀一代圣教,分为五时,并按其所摄受的对象,分为顿、渐、秘密、不定等化仪四教,以及藏、通、别、圆等化法四教;以科学方式,将三藏十二部经典,分门别类地归纳于不同根性的众生,并将修行的方式与证果的等次,一一加以分析比较。所以在义理组织方面,天台宗是最严密、最有系统的。

以上概略的介绍八大宗派的各个特点。除此之外,此八宗有一个共同特点,便是同时兴盛于隋唐盛世,并且展现了中国文化史上光辉灿烂的一页,和隋唐的治世昌隆相得益彰,堪称中国佛教史上的黄金时代。

佛教八宗在台湾的情形

以下介绍大乘佛教的八宗,在今日台湾的弘扬情形。

一、密宗

台湾有人修学藏密,有人修学东密。修学藏密者,是修学西藏的喇嘛教;修学东密者,则是修学日本高野山派的密宗。在日本统治台湾期间,日本佛教便已传入台湾。日本的密教则分为两大主流:一为天台宗之台密,一为高野山之东密。

二、禅宗

禅宗在大陆非常普遍，当时的丛林大寺，都是禅宗的道场，但是后来许多道场丛林都成为仓库、办公场所，或者博物馆。禅宗在中国佛教史上，占有相当重要的地位，但在台湾少有具规模的禅寺丛林，有的寺院虽然自称为某某禅寺，实际上修学内容和禅宗却不相干。目前台湾佛教的各宗派，其法统几乎都是从禅宗演变而来，由此可见禅宗对近代佛教的影响。

三、净土宗

统领今日台湾佛教的是净土宗，不管是禅寺、律寺，普遍都以念佛法门来引导信徒修持。以念佛法门为中心的念佛会、莲社、居士林等，也相继成立，这种现象虽然很好，但我们希望佛教是多彩多姿的，各宗各派都能同时发挥其精辟的思想，重新呈现出隋唐盛世八宗并弘的盛况。

四、唯识宗

在台湾，研究唯识的人很少。太虚大师虽然主张八宗兼弘，但是他将佛学义理发挥得最为透彻、贡献最大的，当属法相唯识。民国初年，僧侣有太虚大师，在家居士则有欧阳竟无、杨仁山等大德的推弘，他们对于法相唯识的研究，皆有不可磨灭的贡献。民国十几年时，还曾办过法相大学，培育出不少的人才，后来分别担任各大学的唯识学课程教授。

五、三论宗

嘉祥三论宗的学者，目前最有名的是印顺论师。他对中观缘起的性空思想，有其独特的见解，他肯定缘起性空是佛陀最初开证的法门，也就是佛陀在《阿含经》里所开示的根本教义。因为性空唯名的义理高深，所以目前对三论研究有心得，并且能加以推扬的大德并不多。

六、华严宗

台湾的寺院里，讽诵《华严经》的很多，但是如唐朝清凉大师一样，能把华严深奥的教理，有组织系统地加以诠释、推演者，则待后起之人发心发扬。

七、律宗

台湾每年举办传戒法会，基本上维持了佛教的法幢，但是对于戒律的内容，真正去了解研究的人，为数甚少。律宗不只是形式上的持戒，其修行方法、精神内涵，和净化生命的意义，皆必须进一步地阐扬。

八、天台宗

已圆寂的斌宗法师，曾居住在新竹，也去过中国大陆，在观宗学社专攻义理组织严密的天台，颇有成就。其门人弟子慧岳法师，继承他的志愿，致力弘扬天台学。

各宗各派的修持方法

华严最初三七日,阿含十二方等八,

二十二年般若谈,法华涅槃共八载。

对于如来的一代时教,可以上面这首偈颂来说明其先后。当初佛陀在菩提树下金刚座上,夜睹明星而成正觉之后,首先宣说的圣教,就是华严;所谓"华严最初三七日",指最初的 21 天,佛陀开讲《华严经》。"阿含十二方等八",指《阿含经》的教义,讲了 12 年;《方等经》讲了 8 年。什么叫《方等经》?不属于华严、法华、般若、涅槃的大乘经典,如大家所熟悉的《阿弥陀经》《药师经》《维摩经》等都是方等经。

"二十二年般若谈",指花了 22 年的时间讲《般若经》。"法华涅槃共八载",就是《法华经》与《涅槃经》,一共讲了 8 年。根据史传记载:佛陀说法 49 年,谈经 300 余会。把这一首偈的时间加起来,刚好 49 年。其次,阐述各宗派的修持法门。

一、华严宗的修持方法

(一)《华严经》的来源

谈到华严宗的修持方法,首先须了解《华严经》。在浩瀚的经典中,《华严经》被称为经中之王,佛陀曾在 7 个地方,经过 9 次聚会,才把《华严经》讲完。据说佛陀宣讲华严时,没有人能了解其中的奥义,因此,传说这部经后来被藏在龙宫里,搁置了 600 年之后,才被龙树菩萨发现。龙树菩萨以他的聪明把下卷背诵下来,但是前面的上卷、中卷,还没看到便为龙宫的人发现,而将他赶出龙宫。他出了龙宫之后,凭着记忆写下经文,此即龙宫所传的《华严经》。

《华严经》在中国有三种梵文译本。东晋的佛陀跋陀罗三藏翻译的《华严经》有 60 卷,称《六十华严》或晋译本。唐朝的实叉难陀三藏翻译的《华严经》有 80 卷,称为《八十华严》或唐译本。另外,唐朝的般若三藏翻译了《华严经》的《入法界品》,有 40 卷,称为《四十华严》。不论是《六十华严》《八十华严》,内容、义理都差不多,而《四十华严》乃《华严经》中最重要的一品——《入法界品》的单行译本。

(二)《华严经》的三时判教

华严宗的三祖法藏贤首国师,把佛陀所说的一代时教,用太阳照物的譬喻,分成了"三时":第一时:为日出初照时,譬如太阳刚刚上升,先照高山,比喻如来最初证悟,先以无碍智慧光明,照诸大菩萨,所说的经典是《华严经》与《梵网经》。

第二时:为日升转照时,因为光线照射的角度不同,所照的地层面也不同,所以第二时又分有初、中、后三转,接引不同根性的众生。

"初转",是接引凡夫外道,使他们转凡成圣,如太阳出来,透过高山,射及幽谷之处,以此比喻凡夫外道;佛陀对他们所说的教义是三皈五戒、四圣谛、十二因缘,也就是阿含等经典。其次是"中转",为了接引小乘进入大乘,及摄化大乘根性的菩萨,阳光透过幽谷,然后普及高原,比喻众生心量已较宽广,可学菩萨道了;此时佛陀为他们说《解深密经》《圆觉经》《维摩经》《大宝积经》《楞伽经》

等。太阳一直上升,到了日正当中,普照大地平原,如同佛光正照利根菩萨,佛陀为他们开示般若性空的经典,例如《金刚经》《大品般若经》等,此为"后转"。

第三时:是日没还照时,这是转摄末归本的法轮。无限美好的夕阳,即将下落,却又还照高山,表示佛陀将入涅槃,开示圆满的妙法,所谓人人皆有佛性,人人皆可成佛;唯有一乘法,无二亦无三,此时说的就是《法华经》与《涅槃经》。以上三时判教的方式,是华严贤首国师的说法,但是天台宗的人不以为然,他们认为智者大师的五时判教,才是最合理圆满的。

(三) 圆融无碍的一真法界

《华严经》是佛陀教法中,最高深最究竟的法门,佛陀在海印三昧中演说《华严经》,除了利根的大菩萨、鬼神、天龙八部等,皆无法了解其中奥妙的道理,即使二乘根器的阿罗汉,也不能领会佛陀的说法。

在佛教各种经典中,言真空者,如般若中观;说妙有者,如唯识法相;提倡顿悟者,如禅门南宗;主张渐修者,如禅门北渐。无论空、有或是顿、渐,华严将这些思想统摄,并建立了诸教圆融的一乘圆教。

华严的世界叫"华藏世界",也就是万有诸法由心所现的"一真法界"。此一真法界,是真妄泯灭,生佛不分的真理世界;是超越一切对待,本体即现象,现象即本体,绝对平等的世界。如果我们能够认识一真法界,扩大生命的领域,则能证悟到生命的永恒不灭。人们最惧怕的是死亡,最厌恶的是贫贱,如果我们能契入一真法

界,则能脱离贫贱、富贵、有无、生死、多少、高低等对待世界的束缚,而得到心灵上的绝对自由。以下简单说明一真法界的内容:

1. 一个不算少,万亿不算多

在我们的常识里,一元钱很少,万亿元钱财才算多,这是我们认识上的差别。在一真法界里,一个不算少,万亿也不算多。一般人认为一元钱少,是因为没有认识到一元钱的价值。这个"一",不是计数东西时最小单位的一,"一"是个无穷大的数字。例如:万法归一,纷纭变幻的万有,其本源却是"一"。一粒沙子、一点粉笔灰、一个银河系,乃至一个宇宙虚空,都含藏于"一"之中;而万亿虽多,万亿之上另有万亿,永远有一界限。我们要培养从一粒沙子去透视无量三千大千世界的见识;这个"一"的含义很深广,必须深入体会"一"的无限性。

2. 微尘不算小、虚空不算大

在我们的观念里,微尘很小,虚空很大。其实,这种大和小的概念,也是错误的见解,在真实的世界里,大小是一样的。

所谓"须弥藏芥子,芥子纳须弥",大与小能够互相容纳,正是华严微细兼容的道理。俗话说:"宰相肚里能撑船。"宰相的肚子真的那么大吗?怎么能撑船呢?如同佛陀的肚量包容天地,尽虚空都可以在我们的心胸之中,关键只在我们能不能扩大心里的世界。

3. 刹那不算短、劫波不算长

刹那,是佛教用来计算极短时间的单位,"刹那"究竟有多短?"少壮一弹指,六十三刹",意思是说年轻有力气的人,轻轻弹一下手指的瞬间,就具有63刹那。如果用秒来计算,1秒钟至少有好几百个刹那。劫波,简称"劫",是计算长时间的单位,是无量数时间的代表，例如三大阿僧祇劫。

依一般的想法，刹那很短，劫波很长，其实劫波也不算长。譬如有些动物，朝生夕死，它也过了一生；有些动物，一活几百年，龟也好、鹤也好，它还是过了一生。一期的生命，不外是我们行为所留下来的记录，由于记录的长短，在时间上乃有长短之别，但是在真实的生命里是没有长短的。譬如人虽有生死，但身体死了，生命却不会损减，好比房子烧毁了、倒塌了，可以搬家；身体坏了，生命也要更新。《华严经》说一个人的生命是无限的、永恒的、亘古不灭的。

梦，也能把很短的时间拉得很长，对禅定的人而言，漫长的时间如白驹过隙一般短暂；在牢狱中服刑的人，一天如同一世纪那么长久。恩爱的人，一旦分离之后，所谓一日不见如隔三秋；冤家对头在一起，则度日如年。所以，时间的长短并非绝对，而是我们爱憎情绪上的分别。

在华严的一真法界里，有并非真有，无也并非真无；污秽的不是污秽，清净的也不是清净；退步的不是落伍，向前的也不是前进。在一真法界里，有无也好，净秽也好，前后也好，大小也好，长短也好，都是虚假不实的。超越时间空间的一真法界，一念百千劫，百千劫于一念间，一粒微尘就是十方国土，十方国土也是一粒微尘，《华严经》的一真法界，是个"一即一切，一切即一"圆融无碍的法界。

（四）华严宗的祖师

中国的杜顺和尚，是华严宗的初祖，生于南朝陈武帝永定元年（公元 557 年），陕西省万年县人。18 岁出家，专宗华严，其著作《法界观门》,将华严高深的理论,融贯为禅定的观门,而创出"真空绝相、理事无碍、周遍含容"的法界三观,是一位融理论实践为一体的大德。他一生之中,神异事迹很多,有瞎子聋子拜见了他以后,就能见能听。有一次他涉水过河,河水忽然断流,等他上了岸后,才又水流如故。唐贞观十四年(公元640年)圆寂于义善寺。其一生宣扬华严教纲,彰显正理,深为朝野所敬重,唐太宗尊称他为帝心尊者。

华严二祖智俨大师,甘肃省天水人。孩童时代喜欢堆石成塔,串花成盖,自己当法师,时常叫一起玩耍的同伴当听众,为他们说法。他出家以后,深探华严藏海,27岁时,便写作了《华严经疏》五卷,也就是有名的《华严搜玄记》,其著作共20余种。他除了以著述弘法,以教育徒众为职志外,一生不求名闻,风范清高。于唐高宗总章元年预知时至,对门人说:"吾此幻躯纵缘无性,今当暂往净方,后游莲华藏世界,汝等随我,亦同此志。"十月二十九日晚上圆寂于清禅寺,享年67岁。

华严宗的第三代祖师贤首法藏大师。法藏是他的名字,贤首是皇帝封赐给他的名号。法藏16岁时,曾经在陕西法门寺阿育王舍利塔前,燃指供佛,表示对佛教奉献的虔诚。后来听了智俨大师讲《华严经》,而归投在他的门下。法藏大师曾经协助实叉难陀三藏翻译80卷的《华严经》,并协助菩提流志三藏翻译《大宝积经》。一生中,弘讲《华严经》30多遍。在著作方面,有《华严探玄记》《梵网经疏》《楞伽经疏》等三四十种之多。他摄取杜顺大师的法界观门、五教止观等实践法门,并以《华严经》为骨干,融合智俨大师的《搜玄记》,完成了华严教理的组织系统。所以说,华严宗到了法藏大师时，才完成自家教观双门圆满的架构，华严宗也由于他的弘扬而集大成，因此华严宗又称为贤首宗。

华严宗的第四代祖师清凉澄观大师，做过七位皇帝的老师，曾至宫中对皇族说法，皇帝听了大悦，说："听大师讲《华严经》，心里很清凉。"因此受封为"清凉"。他一生当中，有许多异于常人的事迹，最主要的一件事是他完成了《华严经》的批注之后，特地举行一个"华严经批注落成法会"，而这个《华严疏钞》落成典礼的法会，竟有一千多位高僧大德参与盛会。此外，他对戒律严持不犯，三衣一钵从未离身。一生不重金钱与权力，虽受朝野优厚礼遇，毫无欣喜之色。出家之后，一生未曾躺下来睡觉，夜夜盘腿打坐，每天必诵《华严经》，每日下午必施食给饿鬼孤魂。澄观大师刻苦自励并致力华严宗的发扬光大，为中国佛教文化开出了灿烂的花朵。

华严宗第五祖宗密圭峰禅师，唐朝果州西充人。跟随澄观大师学华严，大师曾赞叹他："能够追随我遨游于毗卢华藏世界的人，只有你一人了。"被赞为不可多得之英才，继承清凉大师宗弘华严。其间，又随荷泽宗的禅师学禅，提倡教禅一致，影响后代甚巨。毕生最大的贡献是对《圆觉经》的精辟注释，他以《华严经》为根据，对《圆觉经》作详尽的批注，著有《圆觉经大疏》《圆觉经大疏释义钞》等书，为历来批注《圆觉经》的泰斗。

华严宗经过五位杰出大师的推弘，完成了华严宗精深的思想体系，和天台宗同为中国佛教思想史上光辉灿烂的二大圭璧。

（五）华严宗的修持方法

华严宗的修持方法很多，以下归纳成四点来说明：

1. 发四弘誓愿:"四弘誓愿"是"众生无边誓愿度,烦恼无尽誓愿断,法门无量誓愿学,佛道无上誓愿成。"在寺院里,出家人每日早晚课诵,一定要讽诵这个发愿文。除了唱诵,更需真正地付诸实践。不发四弘誓愿,不能与华严的一真法界相应,也就不能证悟圆满菩提的大果。学习佛法重要的是发菩提心、行菩萨道,也就是发四弘誓愿。

2. 修学普贤十大愿:这也是佛门中经常课诵的,即"一者礼敬诸佛,二者称赞如来,三者广修供养,四者忏悔业障,五者随喜功德,六者请佛住世,七者请转法轮,八者恒顺众生,九者常随佛学,十者普皆回向。"这十件事是大菩萨发精进勇猛心,长期不断地修行,直到众生度尽,自己才能休息的大愿。此十大愿具有深远的意义,启示我们要燃烧生命无限的热情,完成自己,奉献大众。

3. 修学禅定坐法:华严也有华严禅定,华严禅定的坐法,和禅宗的打坐方法相似。只在调身、调息之后,可观想诸佛相好,观想华严智慧,静坐到心静如水,不起波浪。心上的意念思维,尽量不要让它妄动,甚至不要思维,不要回忆,不去推理,不去盘算,进入到平等的一真法界。此时心胸清净明朗,像一面清净的镜子,如一潭平静的湖水。一面镜子,如果清净,什么东西都可以看得很清楚;一面湖水,如果波浪迭起,则无法照映出东西。我们对人生的幻想、妄念太多,也无法认识事物的真正面目。

4. 睡眠的修行方法:对于睡眠,华严宗也告诉我们一些不做梦而容易入睡的方法:

第一,睡觉之前用温水洗脚,促进血液循环,比较容易睡得着。

第二,睡觉右胁而卧,佛教称此为吉祥卧,仰卧或俯卧,会增加身体的动荡烦躁而不容易入睡。右胁而卧的姿势,刚开始会觉不自在,但习惯就好,不让身体乱动,很快就能入睡了。

第三,躺妥之后,闭上眼睛观想光明,观想远远的地方有光明,观想眼前若有若无的光明,能在观想光明之中入睡,一定会睡得很轻松,很甜蜜,不太会做梦,甚至人虽入睡,旁边的人讲什么话,做什么事,都能了然于心。

第四,盖的被子不能太薄,也不能太厚;太薄容易着凉,太厚则呼吸不顺畅。

我们为了走更远的路,中途要休息,为了做更多的事,晚间要睡眠,但是不能过分贪睡,过分的睡眠,也会伤身挫志。以上是睡好觉的一些方法。

(六) 修学华严宗的利益

修学华严宗,或受持《华严经》,能得到诸多利益,所谓"心、佛、众生三无差别"。修学华严之后,每天的生活,仿佛涵泳在一切智海里,畅游于一切时空中,让人感到生命之无始无终,无去无来,无生无死,而体会生命的永恒。有关修学华严宗或受持《华严经》,得到灵异事迹的记载很多,以下举出几个例子:

第一,元朝正顺法师,出家于五台山,平时以深密的树林为茅蓬,以读诵《华严经》为修行的日课,读诵超过一千余部。他同时修学法界三观,每次进入华严法界的观想中,必经三五天才出定,因此被称为华严菩萨。他将圆寂时,门徒乞求开示法语,他说:"历劫本无去住,应用何思何虑,转身踏破虚空,一切是非莫顾。"入灭时,灵桌上出现五彩龙,飞游于烛光庭宇之间。

第二，唐朝有位城慧比丘，在五台山真容院跟随法顺和尚出家，经常在李牛谷的地方诵《华严经》，平日只吃嫩草树叶。当他诵经时，常有五六位身着儒服，不知姓氏、来历的人围坐而来听经。其中几位送奇花异果供养他，花经久不谢，果子吃了肚子不饿。他觉得很奇怪，问他们是谁，众人回答说："我们都是山神，因为你的诵经法力，使本山清净平安，特来供养服侍。"城慧比丘感到这些山神打扰了他的清修，于是迁移到别处去。

第三，后魏文明元年，有位王明干，平时作恶多端，死后堕于地狱，被狱卒牵至门口，看见一位自称是地藏菩萨的出家人，教他持念《华严经》的一首偈子："若人欲了知，三世一切佛，应观法界性，一切唯心造。"当他见到阎罗王时，阎罗王问他："你有什么功德？"他说："只能诵一四句偈。"于是大声念诵刚才地藏菩萨教他的那首偈语。阎罗王听了，就放他回去，同时地狱里受苦的人，也因听到四句偈而得到解脱。

《华严经》的内容浩瀚深广，有关受持《华严经》而得大功德利益者，在历史上的记载可说是不胜枚举，以上仅掬一瓢法海，让读者略尝法味。

二、密宗的修持方法

（一）密宗概说

一般人总以为密宗是非常神秘的宗派，并将它和显教对立。其实，佛教没有秘密，一切都是公开的。密宗因专持真言密咒，而真言密咒是诸佛菩萨自内证的密语，恐未具正知正见者妄修入邪，或加以诽谤，所以密而不可对未受灌顶者说，因此本宗称为"密宗"。

（二）显密二教修持的融贯

在中国广大的区域里，最盛行密教的是西藏。中国佛教的僧团，出家僧众修身则持律，课诵则是诵经、念佛、持咒，可说是显密双修。不过，显教的佛弟子，修持密咒只是附带的，并无专修。许多经典也都把经和咒合并在一起，如《般若心经》最后也有一段咒语"揭谛、揭谛、波罗揭谛、波罗僧揭谛"，而《药师经》《法华经》也在经文里附有咒文。这些都是将显教经文和密教咒语合并在一起的例证。

（三）咒语的意义及其功用

密宗主要的修行，就是持咒。咒语又名"陀罗尼"，译成白话叫"真言"或"总持"，即一句咒语包含了一切，也就是总持一切的意义。如同我们念阿弥陀佛，是念"佛"的名字，这句阿弥陀佛和咒语一样，有包含一切的意思。例如：

在密宗所传授的咒语当中，最普遍的是六字真言，又叫作六字大明咒——"唵嘛呢叭咪吽"。此咒是佛的真言，功用很大，可以消灾延寿，驱邪避难，所求皆能如意。

根据《大乘庄严宝王经》所说，持诵此真言，具有不可思议的功德，能除一切灾祸疾病，命终之后，当得极乐上品之生，余诸所求，皆能如愿。佛经上说：

> 佛告善男子，此六字大明陀罗尼，是观自在菩萨摩诃萨微妙本心，若有知是微妙本心，即知解脱。

> 善哉！善哉！善男子！汝能得是如意摩尼之宝（六字

大明咒），汝七代种族皆当得其解脱。善男子，彼持名（六字大明咒）人，于其腹中所有诸虫，当得不退转菩萨之位。

若复有人以此六字大明陀罗尼，身中项上戴持者，善男子，若有得见是戴持之人……则如见于如来，又如见于具一俱胝智慧者。

若有善男子、善女人，而能依法念此六字大明陀罗尼，是人而得无尽辩才，得清净智聚，得大慈悲，如是之人，日日得具六波罗蜜多圆满功德，是人得天转轮灌顶，是人于其口中所出之气，触他人身，所触之人发起慈心，离诸瞋毒，当得不退转菩萨，速疾证得阿耨多罗三藐三菩提。若此戴持之人，以手触于余人之身，蒙所触者，是人速得菩萨之位。

若是戴持之人，见其男子、女人、童男、童女，乃至异类，诸有情身，如是得所见者，悉皆速得菩萨之位。如是之人，而永不受生老病死苦，爱别离苦，而得不可思议相应念诵。

念诵六字真言，不但自己能消除罪业，具足一切功德菩提，得到解脱，并且能庇荫亲族，乃至一切众生，使他们也能脱离痛苦，得到安乐。这个六字真言的殊胜奥妙，由以上列举之经文，可略见一斑。持诵咒文时，要抱持坚定的信仰，不可怀疑，只要一心一意地诵念下去，自然有功用。

另外，持念密咒还有以下功德：（1）能生长智慧；（2）能提升正念；（3）能消除灾患；（4）能聚集善法；（5）能遮止众恶。当然，念咒最重要的是三密相应：第一，手要结印，是为身密；第二，口要诵咒，是为口密;第三,意要观想种子字,是为意密。三密相应,就是口中诵咒语,同时结着手印,意念则观想种子字,身口意三业,同时运作。若能三密相应持诵咒文,则功德更大。

如果自己不会持咒,只是听别人诵念也是很好,因为这已结下了一个佛种的因缘,将来仍可获得人天福报。当然,最好是听闻之后能相信、修行、受持而不忘失。如果能将咒文持好,并融化于生活之中,一定能身心愉快,智慧增长。

(四) 念咒的五种方法

念咒有五种念诵方法:

第一是莲花念诵,念诵时要耳熟能详,琅琅上口。

第二是金刚念诵,就是把嘴闭起来,不出声音,在心中默念。虽然默念无声,但是要字句分明,了然于心。

第三是三摩地念诵,其方法是保持口与舌头不动,心安定下来,安住在禅定之中,然后观想真言的文字。

第四是深深念诵。先观想眼前有一朵莲花,莲花上面有一个白螺的贝壳,从贝壳里发出梵音,然后跟随这声音来念咒。

第五是光明念诵,口中念诵"唵嘛呢叭咪吽",观想口中长出一道光明,此光明和我们虔诚膜拜的本尊佛,也就是大日如来合为一体,意思即自己的本性与本尊佛的法身同体无二。

以上是密宗持咒的意义和方法。

(五) 如何进入密教之门

在显教里,要成为正式的佛教徒,必须皈依三宝。皈依了三宝,表示我信仰了佛教,愿意以佛法为人生的指南,佛教称此为"三皈依"。

显教讲三皈依,密教则必须六皈依。除了皈依显教的佛法僧三宝,密教还必须皈依上师、本尊、护法。在印顺法师的《成佛之道》一书中记载,太虚大师座下的弟子大勇法师,想到西藏学密法,依照密教的规矩,礼请了一位护法神来护持他。不料却请来一个狐狸精,狐狸精破口大骂大勇法师:"你不可以到西藏学密法,如果你坚持要去,我就扰乱你的修行。"使大勇法师进退为难,不知如何是好。有时候请护法神来护持道场固然不错,但是神和鬼一样,有喜怒哀乐的情绪,如果不能顺其心意,反而惹麻烦上身。

由于密宗的仪规非常复杂,诸如灌顶、结手印等,都不容易学习。如果想专修密宗,除了六皈依之外,必须跟随具正知正见的上师,才能如法学习。平常我们可以修持显教法门,诵念密宗咒语,而收显密兼修之效。

三、律宗的修持方法

(一)戒律的意义

律,指佛教的戒律。佛经里一再强调:"戒住则法住。"戒律是维系佛教于不堕的纲常,是我们迈向佛道的准则。人生道路即使像高速公路那么平坦,如果不遵守交通规则,随时有发生车祸的危险;人生旅程上,如果不持戒律,也随时有丧失生命之虞。

戒如明灯,有了灯火的照明,可以看清环境,不致跌倒;戒律好像城墙,敌人来袭时,可以保护我们的生命财产;戒律如老师,告诉我们人生的方向。戒律能抵挡私欲的强敌,守护我们的慧命。佛陀即将涅槃时，弟子们围绕着他，问了几个问题，其中有人问道："佛陀，您在的时候，我们以您为老师。您涅槃了，我们以谁做老师呢？"佛陀回答："以戒为师。"戒律的老师，随时随地指点我们的迷津，使我们知道何去何从。

（二）律宗典籍

讲戒的经典很多，最有名的是四律五论。四律指《十诵律》《四分律》《五分律》《摩诃僧祇律》；五论是《明了论》《萨婆多论》《善见论》《摩得勒伽论》《毗尼母论》。在中国最盛行的是《四分律》，有法砺的相部宗、道宣的南山宗、怀素的东塔宗等三派，其中以道宣律师的影响力最大。

戒有五戒、十戒、八关斋戒、二百五十戒、三百四十八戒，乃至无量无数的戒。受戒好比学生要遵从校规，人民要恪守法律，我们则要依循人生的准则——戒律的指示，才不致身心放逸。学校的校规、国家的法律，是外在的约束，属于他律；而佛教的戒律，是我们发诸内心的自我要求，属于自律，两者迥然不同。

戒，依据它的精神，分为戒法、戒体、戒行、戒相四科。戒法，是佛陀制定的法规，是圣道的根本，能生长禅定、智慧；严持戒法，可免于沉溺生死大海之苦。戒体是受持戒法之后，得戒法之精神融贯于内心，产生防非止恶的功德；戒体即戒律的根本精神。戒行是将戒体如法地表现于身口意三业。戒相即所遵守的各种不同的戒行，如前面所提的根本五戒、八关斋戒、比丘比丘尼具足大戒等等。如果缺乏戒体为内涵，那么佛教的戒律，易流为形式化的戒条；如果戒律的精神，不实践于行为，如同虚设，对生活产生不了作用。因此戒虽分为四科，其精神是一体的。我们受持戒律，应将这四者充分发挥，蕴戒体于内心，将戒行形之于外，才能庄严身心，受人爱敬。

（三）出家众的戒律

在佛教里，出家的女子，称为比丘尼，应守的戒律有300多条；出家的男子，称比丘，应守的戒律有250条戒。7岁以上，未满20岁出家的男孩、女孩，称为沙弥、沙弥尼，必须守10条戒律。兹将比丘250条戒法的纲目简单条列如下：

1. 波罗夷戒：出家人有4条根本大戒，是绝不能犯的，犯了这四戒，叫做犯四波罗夷戒。何谓波罗夷？波罗夷是开除不共住的弃罪，犯了波罗夷罪，从此佛教不要他，无法再生活于僧团之中。此四条根本大戒就是杀、盗、淫、妄。杀是以瞋恨心杀害众生；盗是不经别人同意而盗取他物；淫是以贪婪心行奸淫的事；妄是以不实在的话，欺诳别人，例如自己并没有得到神通，却说有神通；没有证到罗汉果，却说已经证果了。这就是大妄语。

2. 僧残戒：僧残戒有13条戒，就是犯了很严重的罪，要赶快加以补救的意思。出家人犯了这方面的戒，等于残废一样，是次于波罗夷的重戒。譬如不明真实情况，随便诬赖别人、诽谤别人；讲话不负责任，兴风作浪，挑拨离间别人的感情等，都是犯了僧残罪。

不过，犯了僧残戒，如果能忏悔，接受僧团的救护，仍不丧失比丘、比丘尼的资格。

3. 不定戒：不定，有2条。所谓不定，指这个罪还没有确定，尚在怀疑判断之中。譬如某某出家人和某一个女人，共处于幽室之中，或同在偏僻的地方。两人之间究竟有没有犯戒，不得而知，这就犯了不定戒。遇到这种情况,当事人应赶快自我表白说明;如果不老实自说,除了不能洗清罪名,别人怀疑你犯到某种程度,就得接受那种罪法的处理。

4. 舍堕戒:舍堕,就是波逸提,有 30 条。例如把多余的钵或衣服收藏起来,不肯转送给别人,超过十日以上不用,就犯了这个戒。为什么叫舍堕呢?犯了这种戒的人,他必须赶快舍离所有犯戒的赃物,不仅要把所得物舍掉,更要舍除贪心,因此称为舍堕戒。

另外有一种叫单堕,一共有 90 条,和舍堕一样,也是波逸提戒的一种。舍堕是必须舍去犯戒的财物,而单堕则只要向他人忏悔,即可以得到清净。30 条的舍堕戒,是舍去财物、舍相续贪心、舍罪的意思;而 90 条的单堕只有舍贪心、舍罪。犯了舍堕罪或单堕罪,如果不能至诚忏悔,都会堕入地狱受苦,因此同称为"堕"。

90 条的单堕戒,条目烦琐,无法一一加以说明,在此仅介绍其中一二条。单堕戒前三条分别为妄语戒、骂戒、两舌戒。俗话说:"斧在口中,祸从口出。"在十戒中,对于口业就提出了四条,可见我们平时不经意中,由口所闯下的祸端有多少,因此佛教对口业也特别注重。

所谓妄语戒,是指不明究实、胡造谣言,强不知以为知;甚至知而不言,当说而不说,也犯了妄语戒。有些人明哲保身,不管天下大乱,反正对与不对、好与不好,与我不相干,这种"各人自扫门前雪,莫管他人瓦上霜"的态度,在僧团里是不合法的。佛教的积极参与精神,于此可见一斑。

5. 波罗提舍尼戒:波罗提舍尼戒一共有 4 条。提舍尼的意思是向彼忏悔,犯了过错,只要向一人忏悔就可以了。佛陀在世的时候,有的信徒很虔诚,知道城外有比丘可以供养,就备办饮食,亲自带到城外精舍去供养僧侣。但是由于精舍坐落郊外,人烟稀少。当信徒带着厚重的财物经过旷野时,有时候会遭遇到坏人抢劫。佛陀于是制戒,比丘应该自己入城去托钵乞食,不自己入城托钵乞食即犯了此戒,必须向一人道歉忏悔。这种不入城托钵,懈怠坐待施主送食物来供养,即属波罗提舍尼戒的一种。

6. 突吉罗戒:有关威仪方面的戒,属于突吉罗戒。从身业与口业来说,称为恶作或恶说,在戒本里把它归类于众学法。众学戒有100条,是轻微的戒法。比如坐在椅子上,跷起二郎腿,失去威仪,即犯了突吉罗戒。不过这是小小的戒,并不严重,所以叫众学,意思即应当在大众之中再努力学习。

如果服装不整,或把衣服倒过来穿,像公子哥儿油腔滑调的样子;或穿着拖鞋进入殿堂,这都不合乎威仪,犯了众学法的戒。众学法相当于今日的生活须知,是我们日常生活的规范。

7. 灭争法:灭争法,有7条戒。所谓灭争法即大家意见不合,争执起来时,要面对面坦诚布公地互相表白说明,解除彼此之间的误解。一旦化除争执,事后则不可再有议论,不可背后再搬弄是非。

一般会引起争论是因彼此对法相的看法不同,抱持自是彼非的态度,在讨论之中起了争执。有时候某一人所犯的过错,到底是属于哪一类戒法,由于罪相不容易分别判断而引起的争论,这种情形就需要灭争法来消弭彼此的争议。

(四)佛陀制戒的因缘

佛陀为了达到十种利益,才制定戒律。所谓十种利益是:

1. 为了使僧团大众和合相处。
2. 借和合清净的僧团风范来摄受僧众。
3. 以法来调伏个性较顽劣的众生。
4. 使僧侣知道过错忏悔以后,内心得到清净快乐。
5. 使僧众言行有所规范而断除现在烦恼。
6. 使僧侣断除现在烦恼,进而产生定力,断除未来世的烦恼。
7. 使信众生起信心。
8. 使已生信心的弟子,更加坚定。
9. 使正法得以久住,佛法长存。
10. 使未来戒法常在,修行梵行者能安心住于佛法之中。

以上十益是佛陀制定戒律的真正目的。每一条戒律的制定,本来都是佛陀为了随顺当时的情况,依照当时的风俗民情、因地制宜善巧制定的。弟子每做了不如法的事,佛陀就告诫说:"下次不可这样啦!应该制定这样的戒,以后不可再犯。"当时佛陀为了纠正弟子的行为,所制定的规矩,就成了现在的戒律。

(五) 在家信众的戒律

在家戒有五戒、八戒、菩萨戒等。五戒是不杀生、不偷盗、不邪淫、不妄语、不饮酒,相当于中国儒家仁、义、礼、智、信等五常。不杀生曰仁、不偷盗曰义、不邪淫曰礼、不妄语曰信、不饮酒曰智。

不杀生是对他人的生命不侵犯;不偷盗是对别人的财产不侵犯;不邪淫是对他人的身体不侵犯;不妄语是对他人的名誉不侵犯;不饮酒是对自己的灵智不侵犯,而不致去伤害别人。因此,所谓五戒,综合起来就是一戒,即是不侵犯。不侵犯是什么意思?用现在的观念加以诠释,就是自由的意思;在不侵犯别人自由的情况之下,而享受到最大的自由。

有些人不了解持戒的精神,担心受了戒会自我束缚,其实受了五戒才是真正的自由。试看关在牢狱里面的人,不都是犯了五戒,才失去自由吗?像杀生,主要是杀人,现在有些人太狠,不但杀人还要分尸。案发判刑,今生身系囹圄,身心不自由,来生堕落地狱,不能解脱更不自由。

所谓偷盗罪,放眼今日社会的贪污、欺诈、背信、违反票据法、抢劫等不法行为,都是犯了偷盗。邪淫诸如有伤风化、重婚、骗婚、三角恋爱都是。妄语呢?在这个社会就更多了,只要对自己有利,能够骗取对方的财物,则不择手段,不惜用什么语言来伤害别人。饮酒戒,除了会使人昏醉的一切饮料不可饮用之外,举凡鸦片烟、吗啡、摇头丸等,会迷失人类本性的毒剂,也不应该吸食注射。

不受戒,犯了过失,一样有罪。受了戒,好比驾驶有了交通规则,比较安全;航海中,有了罗盘可以指引;人在学校里,有老师可指导;战争时,有城墙可以保护自己。所以丈夫应该鼓励妻子受戒,妻子应该劝导丈夫受戒,丈夫受了戒,妻子可以放心丈夫将不会在外拈花惹草;妻子受了戒,丈夫也可以放心她不会红杏出墙。因此五戒是维护家庭和谐美满的助力,五戒是做人的基本道德,是促进社会安宁进步的妙方。

已受五戒者,可以进一步受八关斋戒,体验一下出家人的生活。可于每月的八日、十四日、十五日、二十三日、二十九日、三十日的六斋日当中来受持八关斋戒,为了现代人的方便,也可选择星期例假日。这一天除了受持五戒,还要加受三条:一是不擦脂粉、不化妆插花；二是不唱歌跳舞；三是不睡高广大床，合称八关斋戒，斋就是持过午不食戒的意思。受持八关斋戒的主要意义是让在家信徒有机会培养出离心，过出家清净离欲的生活，这是佛陀慈悲特别开出的方便法门，让在家信徒播下出家解脱的种子。

经典告诉我们，依戒才能生定，依定才能引发智慧，而达到解脱。在家信徒学佛持戒，如此熏习之后，生活中自然会产生定力，增加智慧，道德与人格自然升华。

四、禅宗的修持方法

（一）禅的时代意义

自从达摩祖师西来，将禅的要义传入中国之后，经过慧可、僧璨、道信、弘忍，传至六祖惠能，一花开五叶，禅在中国本土遂开出灿烂的花朵，成为中国佛教的重要宗派之一。禅的思想，不仅影响佛教界，以及中国哲学思想的发展，甚至影响宋朝的儒者，修禅学儒，掀起异于先秦儒家思想的新儒学运动；禅，为宋明理学注入了新的生命。

中国佛教的八大宗派，在历史上都曾经盛极一时。譬如华严、天台、法相、三论宗等，皆曾为朝野上下所喜好，但是这些宗派或者因为教理高玄，不容易为一般民间所接受；或者缺乏继承弘传的人才，而逐渐式微。只有禅宗和净土宗，随着时代的迁移而更加兴隆。尤其现代，文明过度进步的西方，也纷纷转向东方的禅，来寻找他们精神上的食粮。

在现在这个复杂纷乱的社会生活里，我们每一个人都需要禅定的力量，来安顿浮躁不安的身心。20世纪以来西方文明的巨浪，席卷整个世界,机器的运作,加快了人们的脚步,物质的增产,刺激了人们的享受欲望。人们随着机械、电子的转轮,马不停蹄地汲汲于营生糊口,而忘记停下脚步来看看自己;生活竞争的激烈,人和人之间的疏离感愈来愈严重,感官的过度享受,使人们麻醉了自己的性灵,虚无、失落,遂成为这个时代的时髦名词。针对这样的时弊,禅,实在是一帖最好的药方。

修行禅宗,最主要的目的是明心见性。所谓明心见性,就是认识自己,认识自己朴实未染的本来面目。说起来很悲哀,我们自己都不认识自己,高兴的时候,觉得世界是美丽的;悲伤的时候,看花儿也在落泪;生气的时候,看到什么东西都讨厌。心理学上将我们的心分成几种"我",究竟生气时的我和悲伤时的我,哪一个才是真正的我呢?我们如果不能认识真正的自己,只有被外在的环境所驾驭,轮转不已,永远无法得到安宁。因此我们必须透过禅的修学方法——回光返照,来反观自己的自性,认识自己的本心,以求得心灵的真正解脱。

那么,如何才能明心见性,找回自己的本来面目?最重要的是必须放下我执、我见,抛弃一切的迷妄、分别,才能超凡入圣,进而凡圣俱绝,顿入禅的核心之中。

(二)禅宗的修持方法

禅宗不同于一般世间的思想,它不重视知解而重视实践,所以不可用一般的见解来接受禅。禅宗的修持方法,乍看起来有时似乎很矛盾,有时又非常不通情理。不了解禅的奥妙时,禅师们的接人应答,看起来像儿戏,若能体会则个中充满了禅机、禅趣。

1. 生活修行，身心参透：禅就是生活，日常生活的搬柴运水、喝茶吃饭，无不蕴藏无限的禅机。因此庞大士说："神通并妙用，运水及搬柴。"

禅，从印度传到中国以后，中国禅宗的祖师们，为了适应中国的民族性格、风俗习惯，将印度注重习定冥思的思想，融入日常生活之中，而开展出中国独特的讲求劳作精神的禅风。四祖道信禅师，首先唱出"行住坐卧，无非是禅"的划时代宣言。到了百丈禅师更创建丛林制度，而树立"一日不作，一日不食"的劳作精神，提倡刀耕大种、服田力穑的农禅生活，把禅的精神，深深地根植于大地之中；从心脏的跳动、手足的操作，来体会禅的妙趣，唤起真如本性的觉醒。

禅的精神，并不局限于打坐的禅堂，在24小时里，举手投足，扬眉瞬目，都充满了禅的妙趣；禅的消息，并不仅仅在敛目观心的禅定中，日常的穿衣吃饭、走路睡觉，都透露着禅的妙机。生活中的禅，是将寂静的禅定功夫，摄入日常的劳动之中，而达到动静一如的境界。禅，是从琐碎的事物中，以整个身心去参透宇宙的无限奥妙，是化伟大于平凡、化高深于平淡的修持。日常生活的点点滴滴，无一不是明心见性的依据。

唐朝的罗汉桂琛禅师，为玄沙师备禅师的法嗣。有一天禅师在田中莳草播种的时候，来了一位云水僧，禅师问这位行脚的出家人："你从哪里来呀？"

"我从南方来。"行脚僧回答。

禅师一听，这个人是从南方来的，南方是禅学兴盛的地方，于是问他："南方的禅法怎么样呢？"

"商量浩浩地。"行脚僧回答。意思是说,南方研究禅学的风气很盛,大家热烈地讨论着。

"那也不坏,但是不如我这里耕田播种,筛谷作米,让大家都有饭吃。"云水僧心想:"禅师怎么不看经、不禅坐,而从事一些芝麻琐碎的工作呢?"于是问道:"和尚,您不从事研究教化工作,那么您自身如何出三界?又如何去救度众生呢?"

洞察敏锐的桂琛禅师,机锋相对地反问:"你所谓的三界究竟是什么东西?"

禅师是住在三界之中,照样吃饭睡觉,而不被三界的物欲所染。是住而不住,不住而生其心的当下肯定,自然非云水僧心外别求出离三界的见地所能匹俦。

《六祖坛经》说:"佛法在世间,不离世间觉。"佛法不在遐远,佛法在我们日常生活中俯拾即是。禅门里,以日常生活的劳作为因缘而悟道的例子甚多。譬如六祖惠能本身,也是在舂米房中,悟出无念、无相、无住的道理。赵州从谂禅师依止南泉普愿禅师座下,他曾经数年担任火头的工作,料理大众的饮食。有一天,大众都到菜园工作,突然听到厨房传来赵州禅师的喊叫声:"失火了!失火了!"大众紧急地赶到现场,却看到赵州紧闭门牖,任大家如何劝诱,都不肯出来。正在危急万分的时候,南泉禅师赶到,从窗口递进一把钥匙给赵州,赵州才开门让大众进来,把火扑灭。这则公案是说:我们内心无明烦恼的火焰,不是外来的清水可以扑灭的,必须以内在觉悟的力量,才能够熄灭。

对禅师们而言,禅活生生地充塞于宇宙之间,禅就是生活,生活就是禅,日常茶饭、如厕沐浴,无一不是般若和禅定的风光。

2. 提起疑情，棒喝见性：每个宗教都强调信仰，譬如天主教说："信仰上帝，就能得救。"佛教和其他宗教一样，也注重信心的培养。有了信心，才能深入佛法的大海；有了信心，才能长养求道的根苗。但是佛教不同于其他宗教，除了重视信心的培养，更注意疑问的提起。

平常我们称赞某人很有学问，其实"学问"就是学习发问的意思。科学上许多伟大的发明，哲学上不少崇高的思想，都是从我们平时引以为常的事物之中，产生疑问而发展形成的。譬如牛顿坐在苹果树下，看到苹果掉在地上，引起疑问，因此发现地心引力的道理；瓦特看到沸腾的水气，掀开了水壶的盖子，迷惑不解，努力研究，终于发明了蒸汽机。佛陀未出家前，出游四海，看到人类生老病死的现象，促使他开始探讨痛苦的来源，终于找出解决痛苦的方法，为宇宙带来了无限的光明。

疑问是发明的原动力，真理是不怕探讨的。孔子说："学而不思则罔。"我们对于事物，不懂得去发掘问题，启发人类特有的自觉能力，充其量也不过和其他动物一样，行尸走肉而已。古人说："为学，则不当疑处应疑；做人，则当疑处不疑。"疑问如同撞钟一样，力道愈大，声音愈响亮；疑问愈深，答案愈精辟，因此佛教说："大疑大悟，小疑小悟，不疑不悟。"如果对生命的意义希望深一层地了解，就必须培养提出疑问的态度。禅宗的公案对答、参话头的方法，正是提起疑情最高度的表现。

有一位云水僧请教马祖道一禅师说："什么是祖师西来意？"

禅师招手叫这位云水僧靠近身边来，然后出其不意地打他的耳光说："六耳不同谋。"

"何谓祖师西来意?"是说初祖菩提达摩千里迢迢,从印度来到了中国,究竟传来什么佛法,也就是说佛法的奥义、禅的真髓究竟是什么? 其实,佛法妙意,如同三个人交头接耳商策事情,消息已经不胫而走,宣泄无遗;佛法的大意早在人人脚下、日用之中,而对方愚痴不明,还追问不舍,难怪要挨打了。禅宗在疑问对答中,找到了解答,语录问答的方法,遂成为禅宗特有的入道法门。

在禅宗,有时候不近情理地打骂喝斥,也是接机的重要方法。譬如有名的德山棒、临济喝,就是以无理来对待有理,以棒喝去除我们无始以来根深蒂固的妄执、我见,而显现清净无染的本性。因此禅的教学法,有时看似混乱,但是混乱中有哲理;有时视如矛盾,但是矛盾中有统一。

有一次,药山惟俨正在禅坐时,来了一位行脚的出家人,看到静坐中的禅师就问:"你在这里孤坐不动,思量一些什么事情啊?"

"思量不思量。"禅师回答说。

"既然是不思量,又如何思量呢?"这位行脚僧不放松地追问。

"非思量。"禅师针锋相对地回答。

这则公案从一般的理论上看,既思量却又不思量,似乎互为矛盾,其实有它的道理。意思是说:禅虽然不是文字知解,主张言语道断,但是透过文字知解,可以把握禅不可言说处的真髓,也唯有超越知识见解上的执着,才能探骊得珠,体会到真正的禅味。

在禅宗里,寻师访道、参究佛法要义的公案比比皆是。禅师们不但禅坐、劳作是修行,甚至挤眉弄眼、打架相骂也是修行。而这一切无非是要打碎我们的无明烦恼,呵斥我们的迷妄执着,而收到直指人心、见性成佛的大机大用。

3. 打坐观心，坐断乾坤：透过禅定的功夫，显发我们的真如佛性，自来为各大宗派共行的修持法门。禅观的实践，在佛陀时代，即已普遍地盛行于当时印度一般的思想界，譬如六派哲学的瑜伽派、数论派等，都非常注重禅定。佛陀本身未证悟之前，也曾经过6年禅定功夫的训练，最后在金刚菩提座下，进入无上甚深的禅定之中，终于夜睹明星，而证悟因缘生灭的真理。因此佛陀的正等正觉，和禅坐有着密切的关系；禅坐是我们彻见本性的要门。

达摩祖师西来东土的时候，曾经独自一人在嵩山顶上面壁9年，在禅坐中，静静地度过了他的一生；从身体的力行实践里，细细地咀嚼禅的真髓本味，并且把禅的醍醐妙味，遍洒于中国全土。因此宋朝的宏智正觉禅师赞叹他："寥寥冷坐少林，默默全提正令。"

宋朝的天童如净禅师受到禅坐思想的影响，极力提倡坐禅，首先提出"只管打坐"的见解。日本的道元禅师跟随他学禅，遂将禅师的思想移植于东瀛，而开创日本曹洞宗"只管打坐"的独特门风。除了如净、道元两禅师的提倡打坐，当时更有宏智禅师提倡"默照禅"，主张端坐内观自性，以彻见诸法的本源。由于如净、宏智等人的推弘，中国的禅风，遂从六祖惠能以来，一向注重观照本性的心证，一变而为在"赤肉团"上用功夫的身行，打坐于是成为禅门入道不可缺少的实践方法。

其实对禅定的注重，并不限于佛教。平时我们劝人要冷静；慌乱的心冷静下来之后，才能好好地思考问题，这好比在一池混浊的潭水投入一块明矾，池水则清澈干净一样。事实上，冷静就是禅定功夫的表现。儒家的《大学》说："大学之道，在明明德，在亲民，在止于至善。知止而后能定，定而后能静，静而后能安，安而后能虑，虑而后能得。"荀子也认为人生最高的境界,为达到"虚、一、静"的寂静世界,这一切都说明了静虑的修持,是我们安身立命的重要行门。

打坐,开始的阶段,能使身体感到轻松愉快,心里柔软笃实,功夫深了,忘失身心世界的时候,觉悟的道路自然开启。我们只要用功夫,等到心湖的波浪静止了,自然能够涌现出朗朗的明月;纷乱的念头平息了,清明的灵性自然显现出来。

如净禅师在他的语录上说:参禅为身心脱落,不用烧香、礼拜、念佛、修忏、看经,只管打坐始得。坐禅不是沉思冥想,更不是呆默无为;坐禅有别于诵经拜佛,坐禅的人要抛弃万尘,心无旁鹜,一心以禅坐为至高无上的安乐法门,仿佛回归自己本家一般,安然地稳坐于自己的法性之座,和十方诸佛一鼻孔出气,遨游于法界性海之中。

禅坐最终的目的,在求得身心脱落,把我们虚妄的分别心脱落尽净,甚至连佛、觉悟的世界也荡涤无遗。禅师们在寂寂的古刹、袅袅的烟火中,一支香、一支香地打坐,将他们的生命投注于禅坐之中,目的就是希望把动荡的身心、虚妄的世界坐断消灭。在永恒无限的静坐中,将清净的本心,流入无限的时空,而达到不迷不悟、完全解脱自在的境界。

(三)禅坐的方法

禅悦的妙味,好比"如人饮水,冷暖自知",只有亲身体会才能明白。打坐经验久了的人,不管林下水边、岩洞冢间,都能够安然入定;但是初学的人,最好选择在室内,远离嘈杂的地方,比较能够收到效果。室内的灯光不可太亮,以免刺眼;也不可太暗,以防昏睡。最好能摆设佛像，燃香供佛，以摄心提念。坐禅的位置，避免直接通风，以免伤风。

除了环境，饮食、衣着也要注意。吃完饭一小时之内，不宜打坐，因为这时血液集中于肠胃，此时打坐，既不合乎生理卫生，也容易昏沉。饮食不可过饱，也不可太饿，最好七八分饱。衣着方面要宽松、舒适、柔软，以免妨碍血液循环。睡眠要充足，以免昏沉入睡，浪费宝贵时间。

做好上面的预备工作，便可以开始打坐。禅坐分为三阶段，即调身、调息、调心。智者大师的"小止观"对此有详尽地解释，可供参考。以下仅简单介绍：

第一，调身。首先要盘腿，盘腿分为单盘和双盘。单盘是把左腿放在右腿上，或把右腿放在左腿上，佛教称之为半跏趺坐。双盘是把左腿放在右腿上，再把右腿放在左腿上，相反也可以，佛教称之为全跏趺坐。如果无法双盘，单盘也可以，万一单盘也盘不起来，也可以将两脚交叉架住。盘腿可以使浮乱的身心静止下来，仿佛巨大的树木根植大地一般，容易进入禅定的境界。

盘好腿，双手结手印，先将右手仰放于肚脐下，左手放置在右手上，两拇指轻轻相抵，两手臂自然紧贴腋下，此称为结"法界定印"。这种手印可以使左右气血相互交流。盘坐时背脊要挺直，但也不可过度生硬。背脊挺直，可使五脏六腑顺畅运行，促进身体健康。两肩要平张，不可左右倾斜；颈项要紧靠衣领，保持从侧面看耳朵和肩膀成一直线的姿势，下巴要内收，嘴轻轻地闭着，舌尖抵住门牙上龈的唾腺，可促进消化。初学者眼睛最好微睁，注视着座前二三尺的地方，以免昏睡。

第二，调息。身体调好了，接着调呼吸，可以持数息观，从一数至十，数出入的呼吸，使呼吸由粗重急喘而细微平和，如游丝一般若有若无。

第三，调心。调身、调息都做好了，最后要调摄心念。我们的心念如野马奔驰，不容易控制，但是心念如果不能调制，纵然坐破蒲团，也没有意义。我们可以持观想，将心念集中于一处，或者观想佛的三十二相好；或者念佛，持咒；或者参公案、话头，只要能够将心念摄住，什么方法都可以。

以上简单地介绍了禅宗的修持方法。禅是无法以语言表达的，禅要亲自于生活中体会，吃饭有吃饭的禅，穿衣有穿衣的禅，待人处事，甚至经商创业也有个中的禅味。香严智闲禅师饱学经论，后来参访沩山灵佑禅师，一天灵佑禅师对他说："你一向博学多闻，问一答十，现在我问你一个问题：父母未生我的本来面目是什么？"

智闲禅师翻遍了书本，也找不到答案，对禅师说："和尚慈悲，请您开示我。"

"如果我告诉你答案，那仍然是我的东西，和你不相干，我告诉了你，你将来会后悔，甚至怨恨我。"禅师拒绝他的请求。

智闲禅师一看师父不开示他，很伤心地把所有经典烧毁，哭泣地离开了师父，到南阳自崖山去看守慧忠国师的坟墓，昼夜六时如哑巴吞含火珠似的，思考着这个疑团。有一天在庭园扫地，听到石头打中竹子的声音，顿然身心脱落，而大彻大悟，于是沐浴焚香，对着沩山遥拜，说："和尚，您实在太慈悲了，假如当初您告诉我答案，我就没有今日的喜悦了！"可见禅是要自己亲自去心领神会的。

五、唯识宗的修持方法

（一）唯识宗的祖师

1. **玄奘大师**：家喻户晓的唐朝玄奘大师，公元602年生于河南陈留。自幼出家，遍学涅槃、毗昙、摄论、成实、俱舍等诸经论。由于当时诸家对佛教经典解释不一，众说纷纭，玄奘于是发心前往天竺求回唯识学的原典。

唐贞观三年，玄奘大师只身走过千里流沙，历经重重的艰难困苦，冒着生命的危险，到印度那烂陀亲近当时唯识学的泰斗戒贤，学习瑜伽、显扬、婆沙等诸论，深究护法唯识学的奥义。贞观十九年，玄奘大师携带大小二乘经论657部回到唐都长安，其中最主要的部分是唯识宗的宝典，如《唯识三十论》《唯识二十论》《摄大乘论》《成唯识论》《瑜伽师地论》等。

玄奘大师回到长安之后，19年间，一面培育弟子，一面从事译经的工作，一共译有75部1335卷的经典，在中国佛教译经史上大放异彩，奠定了中国佛教唯识宗的基础。

玄奘大师在印度束装回国的前夕，曾将自己所建立的唯识要义挂于门外，向全印度的宗教界宣布："如果有人能把我所立的唯识宗的论说驳倒，我玄奘愿以生命向他礼谢。"当时竟然没有一个人能反驳他的立论，其学养之深可见一斑。从此玄奘大师声名远播，全印度数十国的国王，联合请他开讲唯识教义，极尽盛况。

玄奘大师是中国佛教史上，第一位到外国去求学的留学生，并且是在国际舞台上，第一位为中华民族扬眉吐气的人。他对佛教及中国文化的贡献影响至巨，是位功不可没的高僧。

2. 窥基大师：玄奘大师在传播唯识教义的时候，深觉寻找一位传人，以推展唯识宗的弘扬，是一件很重要的事。他看中尉迟公的儿子窥基，要求尉迟公答应儿子出家。当时尉迟公原本不答应，玄奘大师对他说："此子气度不凡，非将军不生，非我不识。"

尉迟公听了玄奘大师的真挚劝说，当下允诺。但窥基满怀盛怒地拒绝，后虽勉强应允，却提出佛教戒律所不能容许的三项要求：(1)不断除情欲；(2)不断除荤食；(3)得以过中食。玄奘大师则"先以欲勾牵，后令入佛智"，欣然答应满足所求。

唐贞观二十二年，窥基17岁，奉敕剃度为玄奘大师弟子，并学习五印度文、研究佛教经论。窥基外出往返必有三车相随，前车为佛教经论，中车自己乘坐，后车则载有侍女和酒食，因此而有"三车和尚"之名。

有一天，窥基自语："佛法经论处处皆是禅悦法喜，何苦要这些拖累呢？"于是摒除三车，身心顿时自在。后来成为玄奘大师门下多闻第一的高徒，他精通大小乘经教，了知华梵各种语言，辩才无碍，撰述多种经论章疏，尤其能运用因明，提纲挈领，建立一家体系，是传播玄奘大师的法相要义，阐扬唯识思想的重要人物。

(二) 唯识宗的要义

1. 万法唯识所变：唯识宗，一般人常误解为"唯心论"，实际上唯心论和唯识宗是不一样的。一般的唯心论，只涉及唯识哲学的第六意识；而佛教所说的识，不但有第六识，还有第七识、第八识等非常细微的心识活动。

所谓"识"，即认识、分别、了别的意思。例如我们的眼睛具有认识形相的能力,能够了别红黄蓝白、男女老少、大小方圆等形状。我们的耳朵,能认识声音的高亢低沉、尖锐柔和;这是西洋的交响曲、那是中国的民族音乐;那一种音乐是我喜爱的,这一种曲调是我厌恶的。我们的鼻子可以认识香臭洁秽;我们的舌头可以分辨酸甜苦辣等味道;我们的身体可以感触到舒服、柔软、坚硬、冷暖等各种感觉。

眼、耳、鼻、舌、身等五种了别识,必须依靠眼睛、耳朵、鼻子、舌头、身体等五根,对外攀取色、声、香、味、触等五尘,并且现起存在,才能产生认识作用,在唯识学上,称眼、耳、鼻、舌、身为前五识。

一般人所谓的第六感,佛教并不使用这个名词。唯识宗的"第六意识"与前五识不同,第六意识可以普遍地去攀缘一切法,例如有为法、无为法、看得见的、看不见的、用心想的、追忆过去的、憧憬未来的,甚至龟毛兔角等,第六意识都可以去推度比较,作种种想象分别,所以它的了别作用比前五识更大,更广泛。它可以和前五识共同攀缘外境,也可以单独现起,因此称为独头意识,例如幻想过去、现在、未来的独散意识;做梦时可以飞天跨海的梦中意识;或打坐参禅时,在禅定中不生起前五识的定中意识等。

第七识,又称末那识,是比第六意识更细微的心识。一般西方哲学、科学、医学固然不知有此心识,就是小乘人亦不甚明白。第七识的思量作用,是恒常的,不像第六识有间断性。它是一个很麻烦的东西,因为它常常执着第八识为我,因而产生我爱、我见、我痴、我慢等四大根本烦恼,对于自我及我所深生耽着,引发许多贪瞋痴的行为,造诸恶业,于生死中不得解脱。

第八识,称为阿赖耶识,为一切诸法所依。所谓万法唯识,宇宙森罗万象都是靠这第八识无始以来所含藏的种子变现出来的。它含有清净种子和杂染种子,由于第七末那识不断地妄执,引发第八识的杂染种子起现行,更由此杂染种子现行回熏成为新的种子,而造作新的行为。世间的一切,因此而层层不断地变现展开。如果能认识一切唯心所造、唯识所变,了解一切万法都是不实在,而断除妄执,便可了生脱死,回归涅槃清净之体。

唯识思想认为宇宙的一切,无论是山河大地或日月星辰,乃至我们的知、情、意等一切心灵活动,皆是由各人的唯识所变现,而产生各种千差万别的现象。如果我们能够泯除心识的虚妄分别,视而不见,听而不闻,则能如实地了悟世界的实相,不为纷乱动荡、光怪陆离的现象界所迷惑。

2. 唯识的作用:唯识的心识,力量很大,譬如第六识中的梦中意识,不需假借眼耳鼻舌身等前五识,而能自行独自活动,如晚上睡觉时,可以起来梦游,又能自己回去睡觉。做梦时上山下海,毫无阻碍,仿佛真实一样,一点也不觉得是在梦中。

由于意识染着外境的不同,造成各种不同的业因,感受各种不同的果报,因此而有嗜好、兴趣、习惯上的不同。譬如有人看到溪中的鱼虾就说:"那些小鱼小虾好肮脏啊!小小的身躯里,却藏着大便小便、五脏六腑等秽物。"但是对一个饕餮成性的人来说,却把它视为佳肴,吃得津津有味。又如粪便虽是污秽不堪的东西,可是狗的鼻识,由于业力所感,却把它当作珍馐美味。心识觉得是美味的东西,纵然是污秽难以入口的粪屎,也会变成山珍海味;心识觉得不舒服的地方,即使是清净的极乐净土,也会变成刀山剑海。由此可见心识牵引力量的巨大。

中国佛教史上四大翻译大师之一的鸠摩罗什，翻译过不少的大乘经典，如《法华经》《维摩经》《金刚经》《阿弥陀经》等。他年少时，有一次到某寺院去游玩，看到一个像帽子的大磬，一时兴起，就拿起铜铸的大磬戴在头上。由于他当时没有分别心，只想到这是顶帽子，千钧重的铜磬在他的心意识里，并无重量的存在，因此轻易地戴在头上，一点也不觉得重。他的母亲一看就说："胡闹！那是铜的磬子，怎么可以当帽子戴呢？"鸠摩罗什一听是铜制的，意识到铜的观念，马上感到泰山压顶般，沉重得抬不起头来。

宇宙万法本是如如不变，但是心识一起分别，山河大地在识藏里的变现就不一样了。心情愉快的时候，天上一轮皎月，真是诗情画意！如果是行窃的小偷，看到天上的明月，反而怪月儿不作美，破坏他的好事。假如是自己心爱的对象，会觉得她比西施还要美貌；假如是不喜欢的人，便觉她像母夜叉般面目可憎。

同样一个人，有了爱意，觉得对方美若天仙；没有爱意，甚至由爱生恨时，便觉得对方奇丑无比；既无爱意也无恨意时，对方则只不过是个相貌平庸的普通人。因此一切的境界，皆由于心识的分别作用，而有美丑、好坏、优劣的种种差别。如果我们善于调伏自己的心识，再痛苦的事，也能逆来顺受，甘之如饴。譬如站立良久，两腿酸麻，没有座位可坐，原本是很辛苦的事，但是只要我们心甘情愿，一切也就不以为苦了。如何转妄识为智慧，正是解脱的重要途径。

(三) 唯识宗修持方法

既然山河大地、宇宙万有，皆由我们的心识所变现，那么，如何

才能悟入唯识的境界?以下四种力是必须具备的:

1. 因力:何谓因力?凡事必有其因,有如是因才能产生如是果,欲趣入唯识的果位,先要培养修观唯识的因力,以大乘的教法来说,即是多闻熏习,常常听闻佛法,以种植好的因缘种子。

2. 善友力:所谓善友力,指要有善知识的指导。俗话说:"近朱者赤,近墨者黑。"修学佛法,亲近善知识是很重要的。对于善知识,应该虚心向他求教,接受他的教导。善知识的熏陶,能使我们增加求道的信心与力量,修学上能够走向正确的方向,以进入唯识的境界。

3. 着意力:所谓着意力,就是要有卓越的见解,对佛坚信不移,永不退转。佛教不同于一般的哲学思想,不能只从字面上解释,或只是表面上浮光掠影地了解。学佛的人,应该深入地认识佛法,肯定它的立论,不轻易改变对佛法的信心。这种由思想而产生信仰,由信仰而引发力量的过程,即是着意力。有了着意力之后,任凭别人批评诽谤,仍能屹立不动,毫不转移。譬如有人批评:"佛教是迷信的宗教。"我们心想:迷信总比什么都不信好多了。能够正信当然最好,不能正信时,至少还有信仰,连迷信都没有的人,则是空无所有,最为贫乏。

我们对于维护世间的公理、社会的正义,也要有毫无条件的道德勇气。当我们一切抱持着"我不为什么"时,就能择善固执,勇于为真理而牺牲。假如心中存着条件,面对牺牲时,会想:"我为什么要这么傻?"一旦如此,就裹足不前了。岳飞曾说:"文官不爱钱,武将不惜死。何患天下不太平!"所谓不爱钱、不惜死,就是一种为维护真理而执着不放的迷信。以上所讲,并非提倡迷信,而是凡事不必只为自己的利益斤斤计较,有时不妨抛开条件,为社会奉献一点力量。况且迷信不见得是坏事,如果对真理能产生迷信,何尝不是一件很美的事呢?

4. 任持力:学佛的人,除了对自己所信仰的立论坚信不疑,更要时时守护它,经常思维,才能逐渐与身心相应。同时,必须能担当弘法和救护群伦的责任,受持四摄六度的菩萨行,以及佛陀的慈示。

(四) 唯识宗修行的次第

唯识宗修行入道的次第,在《成唯识论》里,一共分成下列五个阶位:

1. 资粮位:菩萨发坚固菩提心,欲求无上佛道,须先修持四摄、四无量心、六度万行等种种福德、智慧,作为成就佛果的资粮,即修学世间有漏的福德因缘,诸如修桥铺路、冬令救济,响应仁爱计划、小康计划等善行,抱着人饥己饥、人溺己溺的精神,广植福德,积集资粮。

2. 加行位:加行是加功用行的意思。既然已经具备了福德资粮,进入到菩萨十回向满心,必须再进一步迈向菩萨十地的第一极喜地,勤行四善根,即暖、顶、忍、世第一等四加行位。加行位好比工厂赶制产品,必须连夜加班,一气呵成;又好比打铁必须趁热,加紧工夫,炼铁成钢。

3. 通达位:到此阶位已能体会唯识真性,通达真如,可说是见道了,一般说的分证法身菩萨,就是指这个阶位。

4. 修习位:即修道位。从通达位进入初地起,到第十地,以无分别智断分别起二障,依我空、法空证悟唯识理,此一阶段要经过十地位,修十波罗蜜,断十重障,证十真如。

5. 究竟位:菩萨修至十地满心金刚无间道,断二障种子,证二空理,转烦恼障得涅槃,转所知障得菩提,成就佛果,达到究竟解脱。

以上对唯识简略地介绍,主要是要我们认识"识"。识就是我们自己,是生命的根本。我们的身体死了,眼睛、鼻子、耳朵腐烂了,但是有一样东西却不灭亡,那就是我们的心,我们的识。这个心识,是流转生死六道轮回的本体,有时候转世成人,有时候出生为牛。尽管形象不一样,但是心识只有一个,没有不同。因此如果我们希望来生出生做什么,今世就必须将我们的心识着意在那一方面。一心持戒,守住做人的根本道德,来生就有希望投胎为人。如果再加修禅定,可升天享福,若要究竟常乐,则必须念佛求生西方极乐世界。

修学唯识最终的目标是转识成智,"识"是生死的根本,"智"是佛性,我们的光明。佛教说转八识成四智,即第一转前五识为成所作智;第二转第六意识为妙观察智;第三转第七末那识为平等性智;第四转第八阿赖耶识为大圆镜智。转八识成四智,是修学唯识宗主要用功用力的地方。有心学习者,可依《成唯识论》所记载的修道次第,一步一步探讨深入,当能转凡夫为圣人。

六、三论宗的修持方法

(一) 三论宗的祖师

三论宗是以龙树菩萨的《中论》《十二门论》,以及提婆菩萨的《百论》为依据而成立的宗派。这三部论典都是鸠摩罗什大师所翻译,因此中国的三论宗,应以鸠摩罗什大师为初祖。罗什之后,有僧肇法师等人弘扬般若思想,至第六祖为嘉祥吉藏大师,由于他对三论宗的弘扬最为用力,集三论宗之大成,也有人尊奉嘉祥吉藏为三论宗的祖师。

吉藏7岁跟随法朗出家,当时适逢隋朝末年,政局动乱不安,而避乱到越州嘉祥寺,讲经说法,著作论疏,因此世人尊称他为嘉祥大师。他一生讲解三论100多次,讲《法华经》30多次,其他如《般若经》《大智度论》《维摩经》《华严经》等,都曾大力宣扬,著作有40多种,约有100余卷,被誉为文海。

(二) 三论宗的要义

1. 空不碍有:三论宗的立论,是破邪显正,以缘起性空的道理,破除一切妄执。三论宗的性空,不是否定现象界的一切假有而说空,而是在万法常体上,观察其无自性之空。一般人难以接受性空的道理,常人所了解的空,是空空如也的空,是什么都没有的空。在一般人的观念里,有和空是互相对待的,有的不是空,空的不是有。依三论宗所讲的空义,我们所说的有不是真有,我们所说的空也不是真空。根据三论宗的论说,空才能有,不空就没有,所谓"以有空义故,一切法得成",空是所以成就有的要因。

2. 有依空立:世界上的万有究竟安住在哪里?"有"是建立在"空"的上面。有空间才能成就各种因缘,没有空间,我们如何立足?皮包不空,东西往哪里装?鼻子不空,如何呼吸?口腔不空、耳朵不空,甚至毛细孔不空,人就无法生存了!我们的生命所以能够维系,最主要是有无限的空间,由此可知有是建立在空的上面,真空才能生出无限的妙有。

3. 缘起性空：一般人所认知的有，不是真有，而是因缘和合的假有。譬如我们身上的衣服，它是棉花的种子，加上土壤、阳光、空气、水分等种种因缘条件，施以人工，才转变为棉纱，制作成衣服。棉纱、衣服，本来为空。它的生成是依靠种种因缘的聚合而生，故不能自生；将来破败了，也因为种种因缘的分散而坏灭，故不能自灭。衣服本身不能自生自灭，只是依因缘而假生假灭，因此没有自性，既然无自性，所以为空。

既然诸法为空无自性，故其生灭乃暂时的假生假灭，换句话说，诸法本来不生不灭。如《般若心经》所说："是诸法空相，不生不灭，不垢不净，不增不减。"世界一切诸法，都是因缘所生，不是真有，自性本空。诸法虽然和虚空一样无自性空，但是又假借全宇宙的关系因缘和合而成，从暂时存在的现象界则说缘起，从本无自性的实体界故言性空，因为缘起，才显其性空，因为性空，所以能缘起。因此缘起不碍性空，性空不碍缘起，真空中才能生出妙有。

4. 以空为乐：一般人都欢喜有，如有福、有财、有功名富贵等等；假如说空呢？就觉得不如意了。其实空才是真实不灭，才是永恒存在，从空中所建设的有，是永恒无限的人生。

我一向的人生观即是：以退为进的人生观、以无为有的人生观、以空为乐的人生观、以施为舍的人生观、以众为我的人生观、以教为命的人生观。

凡事只要不执着，一切都为我们所享有。无我和空，有无限的妙意，无我才是真实，真空才是妙有。这种以空为乐的道理，在阐明空理的经典如《金刚经》《心经》等，都有精辟的说明，只要慢慢熏习修学,有朝一日,必定能够成就以无所住而生其心的空乐。

(三)如何修学空观

在中国的文字中,空和无的意思是相似的;但是梵文经典上,空与无的解释却是大不相同。无是没有,什么都没有,而空不是什么都没有,是指诸法自性了不可得,因此称为空。空并不否定现前存在的一切假名有,空也不妨碍假名有的存在,进一步说,有了空才能假名有。

对于空理,如果能以坚定的信念加上逐渐修持,就可以次第观我空与法空。修持我空观,最好的方法是修学观身不净、观受是苦、观心无常、观法无我等四念处法门;修学四念处,对于生命的妄执爱着,会慢慢降伏减低,去除我爱、我慢、我见、我痴,而悟身空。

六祖惠能大师说:"何期自性,本不生灭。"佛教经典上亦说:"诸法从本来,常自寂灭相。"所谓法空观,即观察诸因缘所生,不生不灭的空性。具备此空性正见之后,再修"止"成就,破除一切妄执,然后进一步修"慧",证得般若智慧。由止而观,由定而慧,这个步骤,即以无性空为所缘而修止,叫"有分别影像"的观察。其次仍以无性空为所缘而修定,这是深一层的定,安住于定中以后,再修观察,也是以无性空为所缘,然后观心纯熟,心虚明显,清净无染如离去一切云翳的太虚空。从此观力重发轻安,就是修观成就。然后,止观双运,不必用心着意,自然以无分别观慧,能起无分别住心;以无分别住心,能起无分别观慧,止观均等,定慧等持。最后,空相脱落,而证入胜义——涅槃空寂法性之中,般若无分别智于是全体展现无遗。

七、净土宗的修持方法

(一) 念佛法门的殊胜

中国的净土宗,从庐山慧远倡导净土思想,历经北魏昙鸾、唐朝善导、道绰、慈愍等大师的推弘,随着时代的迁移,愈为后代人所喜爱。净土宗和禅宗一样,为影响中国佛教、民间信仰最为深远的宗门。

提到念佛,千万不可存着轻慢马虎的心理,认为念佛很简单,只要不断地念下去就行了。如果我们念佛时杂念纷飞,念得不纯熟,念得不恳切,即使念一辈子的佛,也不能与阿弥陀佛心心相印。

念佛,不只是老公公、老婆婆的专利品,在物质充斥、生活繁忙的今日社会里,人人皆应修持念佛法门,让心灵有一片安谧的园地。念佛法门,不会妨碍工作的进行,不受时间空间的限制,任何时间、地点都可以修持,是各种修行法门中,最方便的一个法门。

有一位姓王的铁匠,平时以打铁为生,勤修念佛法门。他每天工作的时候,手中拿着笨重的铁锤,每打一下铁,口里就喃喃念道:"阿弥陀佛!"几年的光阴过去了,有一天他站立在烘烧钢铁的火炉旁,说出下面的偈语:"叮叮当当,久炼成钢;时辰已到,我往西方。"手里还握着铁锤,人却往西方极乐世界去了,可见其念佛之专心。

我们平时无论是在家烧饭、洗衣,或是出门在外,行住坐卧皆可念佛。等人的时候可以念佛,时间容易打发,也不会感到心烦气躁无法忍耐;生气的时候,一声"阿弥陀佛",一场风暴化于无形;见面的时候,一句"阿弥陀佛",换来美丽的笑容。阿弥陀佛,这一句万德洪名,包含有无限功德,一句阿弥陀佛,是如此的方便,时时都可称念修持,都可收摄放逸的身心。

（二）不同心境的念佛方法

古来因为念佛而得道的人，如过江之鲫，无法胜数。以下列举几种念佛的方法：

1. 要欢欢喜喜地念：念佛目的在求生西方极乐世界，我们要观想此去极乐世界，莲华化生，不再受生老病死的痛苦；住的是黄金铺地、七宝装饰的亭台楼阁；相处的人是诸上善人等大善知识，可以互相切磋请益，并能亲聆弥陀说法。人生还有比此更快乐的事吗？如此观想，心中的法喜越深，嘴里就不知不觉地"阿弥陀佛、阿弥陀佛……"绵绵不断地持念佛号。要念到手之舞之、足之蹈之，发出至心的微笑。像这样念得心念纯净、热情洋溢，必能收到极大的效果。

2. 要悲悲切切地念：世俗的痛苦，莫过于死别。我们念佛也要如此，仿佛自己亲爱的人死了，以极度哀伤悲泣的音调，称念"阿弥陀佛！阿弥陀佛！"好比失去依怙的孤儿，找寻依靠一般，悲切地称念佛名。如果仔细思考自己从无始以来，沉沦在生死大海之中，头出头没，永无出期，遍历轮回之苦，或牛胎马腹，或披毛戴角，或地狱饿鬼，火汤血池，刀山剑树，受尽无量的痛苦，什么时候才能出离呢？思忆及此，怎不悲痛欲泣？在痛苦的深渊里，只有仰赖阿弥陀佛慈悲救拔，才能脱离苦海，跻身极乐国土，又怎能不感激而涕零呢？如此悲悲切切地念佛，我们的心便很容易和阿弥陀佛的心相应。

3. 要空空虚虚地念：我们生存的世界，是多么的虚妄不实，我们的身体，是四大五蕴假合而成，唯有一句阿弥陀佛才是究竟的归宿。"阿弥陀佛！阿弥陀佛！"要心无挂碍，一心称念佛号，念到头也没了,手足也没了,天地粉碎了,世界不存在了,悠悠扬扬、缥缥缈缈,只有一句阿弥陀佛,如游丝般充塞于整个宇宙虚空。

4. 要诚诚恳恳地念:一想到阿弥陀佛的慈悲,无边的愿力,摄受十方一切众生,不禁油然生起虔诚的恭敬心,唯愿在您无量光明照耀下,一切众生早日得度。我们要以如此虔诚恭敬的心,至诚恳切地称念佛号,顶礼圣像,借此也可加速消除业障,增长福慧,所谓"礼佛一拜,福增无量;念佛一声,罪灭河沙。"

所谓"人有诚心,佛有感应",念佛、拜佛只要抱着至诚心,专心一意地礼拜,自然会有感应。

(三) 修持净土应有的观念

修持净土法门的行人,应该具备的观念,是发大菩提心,以上求佛道,下化众生的愿心,来称念佛号,才能与阿弥陀佛的四十八大愿相应。《观无量寿佛经》上说:修持净土法门应该具备三心:(1)至诚心。是为了生死而求生彼国,不是为求名闻利养而现精进相的心。(2)深心。对阿弥陀佛因地所摄受一切众生的四十八大愿,毫不怀疑,抱着磐石不移的信心,专心一意地称念弥陀圣号,以仗着佛力的加被护持而往生极乐。(3)回向发愿心。从自利方面说,将自己所修的一切福德智慧、功德资粮,全部发愿回向往生西方;从利他方面说,则将功德回向一切众生,愿所有的有情众生都能往生极乐净土。

八、天台宗的修持方法

开创天台宗的智者大师,22岁时,前往光州大苏山,亲近慧思禅师，苦练精修法华三昧。有一天，持诵《法华经》至《药王品》的诸佛同赞言："是真精进，是名真法供养"的经文时，豁然大悟，心境明朗。慧思禅师赞叹："非汝勿证，非我莫识……"师徒相许之情，溢于言表。证得法华三昧以后，得无碍辩才，讲解佛法妙义，口若悬河。智者大师讲说《法华经》时，仅仅一个"妙"字，就解说了三个月，将佛法大意完全发挥在妙字之中，这就是佛教史上有名的"九旬谈妙"。

智者大师感到闻法的人多，证悟的人少，恐怕佛法流于文字知解，无法久传于世。38岁的时候，进入天台山，进一步修持法华圆顿一实的中道，从法华三昧的禅定功夫至止观双修的境界。

大师证悟以后，前往金陵，于光宅寺讲《法华文句》，创建玉泉寺，著作《法华玄义》《摩诃止观》，教理、实践兼备，阐扬《法华经》的奥妙，建立了天台教学的体系，世上称此三书为天台三大部。由于智者大师以《法华经》为依据，而开展一宗之教说，因此也称此宗为法华宗。

（一）教观双美

所谓教观双美，教指教理，观是修行，就是理论和实践兼备，解行并重的意思。从天台宗的立场来看，大乘八宗之中的唯识、三论、华严宗等，偏重理论，属于教相门，而禅、净、律、密等宗，注重修行，属于观心门。此两者皆有所偏废，只有天台宗有教理又重修行，教相门和观心门两者兼备，最为圆融，因此自称为教观双美。

综观天台宗"教观双美"的思想，在教义、理论方面，乃将法界的实相、众生的法性，摄入整个组织体系，而发展成一圆融无碍的思想架构,譬如有名的五时八教的教判,即为教相门。在修行、实践方面,是智者大师依据他在大苏山所证的三昧,并融合在天台山修头陀时的妙悟,而开显出止观法门的修道体系。如一念三千、一境三谛,即为观心门。教相门和观心门,好像鸟的双翼,两者相辅相成,缺一不可。

就实际而言,天台宗的教学特色,确实是值得赞美。譬如天台三大部的《法华玄义》《法华文句》,其主重玄义及消文四意的解经方式,成为千百年来研究贯穿经意,讲经说教的最好典范。智者大师的《摩诃止观》,不只是天台家观心法门的至宝,也是修禅定、智慧的圣典,甚至小部的《小止观》《六妙门》,也是禅修必备的良书。可以说天台宗,不论在教理或观心,确实都已具足了完备的教学体系。

(二) 思想理论

天台教学的本质,在解明中道实相的奥义。智者大师从两方面来把握。从绝对的理体来考察诸法者,为三谛圆融;从森罗的现象来认识诸法者,为一念三千。而本体与现象,即三谛圆融与一念三千互相圆融无碍,事中有理,理因事显,此即天台一乘圆教最微妙的思想——事理相即的"实相论"。

所谓"三谛圆融",诸法皆具有空、假、中三个真理。空谛即诸法空无自性,没有实体;假谛即无自性的诸法乃因缘假合而成;中谛是诸法的本体超越空、假对待的绝对实相。此三谛非个别单独存在,每一谛中具有其他二谛,三者互具互融,因此称为"三谛圆融"。

"一念三千"是说我们心中的一个念头,具足三千大千世界的诸法。根据《华严经》的说法,宇宙间有佛、菩萨、缘觉、声闻、天、人、阿修罗、地狱、饿鬼、畜生等十法界,而每一法界又见十法界,故为百界。根据《法华经》的记载,每一法界具有十如是,因此百界即具有千如。智者大师将《法华经》的千如,配合《大智度论》的三世间,形成他自己独特的一念三千的教学。关于十如是、三世间等名相,佛教辞典有详细的记载,不一一加以介绍,我们只对一念三千的道理稍加说明。

我们的心,真的具有三千大千世界吗?当我们看到别人有困难,生起怜悯心,帮助他解除危难,这时就和佛菩萨一样,以慈悲心来救度众生苦。当我们春风得意,心平气和,觉得世间的一切好美,如同置身天堂一般,这就是人天的心。看到山珍海味,食指大动,起了贪爱心,这是饿鬼的心。碰到不如意的事,义愤填膺,生起瞋恨,这是地狱的心。有时和家里的人怄气,绝食抗议,结果饿坏了身体,没有力气做事,这就和畜生一样愚痴,没有智慧。一天24小时的生活里,我们的心时而天堂,时而地狱,时而饿鬼,时而畜生,轮转不停;我们被自己所造作的痛苦,紧紧地束缚着。这些都是一念三千最好的写照,我们必须努力的是,如何将我们的心拔出于三途的痛苦,而入于佛菩萨的法界之中。

(三) 修持方法

1. 三种止观:天台宗最有名的修行方法是三种止观。何谓止观?"止"是停止、止息的意思;指停止一切的心念而住于无念之中,摒除一切的妄想,令生正定的智慧。"观"是观想、贯穿的意思;是止息散乱的妄想之后,进一步观想诸法,以发真智,彻悟诸法实相的本体。止是止息一切诸法妄念,为静态、消极性地不造作,为禅定门。观是观想缘境、观想光明,为动态、积极性地再用功,为智慧门。此两者如车之两轮、鸟之双翼,为求道者修禅发慧之要门。

在忙碌不停的生活里,每一天,我们应该给自己几分钟的时间,安静下来,检讨一天的所作所为。一星期中,能有一天、半天独处的机会,让身心安静下来,对工作做一个全盘的计划。一个月,乃至一年之间,能够拨出几天的工夫来实践止观法门,使我们的人生更上轨道。

佛门里有很多老和尚,修习止观,眼睛一闭,既不看,也不听,甚至粒米不进,然而其乐无穷。这就是修持止观所得的法乐,这种住于真理的快乐,是物质的享受无法望其项背的。

修持止观法门有无限的妙用,其方法有三:

(1)渐次止观:在智者大师的《释禅波罗蜜次第禅门》一书里,对这个修行方法,有详细的记载,有次第引导行者,由浅而深,渐次进入禅定观心的阶次。归纳起来可分为五重次第:①先皈依持戒。②次修学禅定。③向上进入无漏道,脱离三界生死。④修慈悲门以行菩萨道。⑤不忘更修观法,破除空假两边的执着,而证入实相无为道。

(2)不定止观:这是根据智者大师在南京瓦官寺所讲的《六妙门》一书而修习的。它不分别阶位,有时修顿修渐,有时修前更后,有时修真修俗,互浅互深,或事或理,乃适应众生根器而开出的不定止观法门,但是仍然以数息观为最主要的方法。

(3)圆顿止观:是《摩诃止观》所开示的修持法门,这个法门最初以实相为止观的对象,随着解行用力,而到达始终不二、圆融的境地。不同于渐次止观与不定止观的修法,是智者大师晚年在荆州玉泉寺讲说的实践法门，也是大师思想、体验最为成熟的结晶。其修持的次第为发大心、修大行、感大果、裂大网、归大处等。此中所谓的修大行，主要是修学三昧，就是天台另一种修持方法的四种三昧。

2. 四种三昧：《摩诃止观》所教示的法门是最高极致的圆顿止观，书里所说的"修大行"指常坐三昧、常行三昧、半行半坐三昧和非行非坐三昧等四种三昧，这四种三昧是天台实践论中非常重要的行门。何谓三昧？三昧是正定的意思，也就是将善心住于一处而不妄动。以下简单地说明：

第一种叫常坐三昧，又叫一行三昧。以90天为一期，专心一意坐禅，口中称念某一尊佛的名号，心意集中一处，而观照真如法性。这个法门所观照的对象——所缘境，与净土宗初祖慧远大师所观照的对象不同。慧远大师是以阿弥陀佛圣像为所缘境，而常坐三昧是以真如法性为所缘境。实践常坐三昧，能够了达迷悟不二、凡圣一如的境界。

第二种叫常行三昧，也是90天为一期。90天中不可以盘坐，更不可以躺卧，只准站立行走，每天24小时不停地绕室行走，不能休息。

佛光山有一位法师，曾经两次修持过常行三昧。修行的过程，真是酸甜苦辣，别有一番滋味。他入关半个月后，感觉关房如同冰窖一样，片刻难以安身。我建议他："可以供奉佛像，燃香供养诸佛菩萨加持你。"后来他说清香一烧，满室芬芳，温暖如春，给了他不少力量。又过了一段日子，觉得眼耳鼻舌身，好像被堵塞起来一样，又好像有铁锤在撞打着他，非常难受。他不吃饭，每天只喝一碗米汤。本来修持常行三昧是可以吃饭的，但是他不想吃，因为饮食少，能减低欲望。他最初走路，是每一次走3小时，每一天走3次。走得太辛苦了，双手可以扶着从天花板垂下来的绳套，稍事休息。一个月以后，每次走路增加到7小时，一天仍然走3次，也就是一天24小时之中都在奋力地行走，这样实践了2个月。这种三昧，又叫般舟三昧，是根据《般舟三昧经》的修持方法。

历代高僧大德，因为修持这种三昧而有成就的，不胜枚举。譬如慧远大师依据《般舟三昧经》而成立庐山莲社，净土宗第三祖的承远大师，也是修持这种三昧而有所成就的高僧。修持这种三昧有所成就时，在禅定之中，能清楚地看见十方诸佛站立在自己面前，因此又叫佛立三昧。

第三的半行半坐三昧和第四的非行非坐三昧，都不论时间的长短，或者7日或者20日为一期，人数也可以10人或者更多的人共同修持，是比较适合一般人修行的法门。

除了三种止观、四种三昧，天台宗还有一些修学的方法，譬如"五悔法"：忏悔、劝请、随喜、回向、发愿五种修行法门。这些法门普遍于其他宗派，只是依各宗派见解的不同，五个层次的前后稍有差异。还有"二十五方便"：具五缘、诃五欲、弃五盖、调五事、行五法等。五悔和二十五方便，都是修行禅定的预备工作，是修习观心门的方便入门。还有"十乘观法"，这是摩诃止观的中心思想，依此观法修持，很快就能成就止观的修持，是修持止观中捷径中的捷径。

上面所介绍的天台宗实践法门，大多以修持禅定为中心。除此，另有一种受持法华经典的法门，或者诵念经文，或者礼拜经文，或者刻写经文。在称念经文方面，中国佛教都礼诵整部《妙法莲华经》。日本佛教如日莲宗则只持诵经名,如同称念佛号一样,不断地称念"南无妙法莲华经"。

受持《妙法莲华经》而得到感应的事迹很多,例如慧思大师年轻时,经常一个人在空冢间,诵读《法华经》,由于不明义理,日夜悲泣,唯有面对经卷顶礼不休。后来梦见普贤大士,乘白象来为他摩顶,因此智慧大开,以前不懂的经文含义,顿然能解。隋朝慧威禅师,一心念诵《法华经》,能通鸟语。有人因为诵《法华经》而降伏邪魔、吓跑恶鬼;也有人因为念诵《法华经》而使自己父母超升天道。

以上简单介绍中国八大宗派的特性、内容及修行方法,不论大乘、小乘各宗各派,在教义、修学内容、修持各方面,固然有彼此的风格,但彼此之间不是批判争执,不是你错我对,而是相互的尊重与包容,相互的赞叹与融合,同中存异,异中求同。因此,我们应做到禅净融合、显密融合、大小融合、南北传融合、甚至要将传统与现代融合,共同恪遵佛陀的慈心悲愿,融合五乘十宗,修持三学而圆满佛道。

1977年11月4日讲于台北中山堂

当代人修持的态度

古德的清高朴素、忍让、处世、忠孝等各种行谊,
可作为我们修行的榜样。

每一个人都应该从现实苦空无常的世界中,找一个安身立命的理想世界。那么,如何到达理想世界,来实现理想的生活呢?这必须要透过修持和实践,使我们离去痛苦、杂染而得到快乐清净。兹以古德的行为为例,来做我们今日修持的榜样。

古德的行谊

古代高僧大德的行谊有何特殊之处?首先,以历代高僧大德四种处事的态度来说明他们的行谊典范。

一、从清高朴素看古德的行谊

(一)僧稠大师

南北朝的僧稠大师,有一天,齐国的文宣帝特地前来拜访他,

他却坐着不肯到门外迎接,弟子们对他说:"今天来的是皇帝,请师父屈驾到门外去迎接一下吧!"僧稠大师听了仍然坐着,连动都不动一下,齐文宣帝并不因此而责怪僧稠大师。

皇帝走了之后,僧稠大师说:"不是我喜欢在皇帝面前摆架子,不去迎接他。过去在佛陀时代,有一位宾头卢颇罗堕尊者,因为到门外七步去迎接优填王,致使优填王失国七年,才又恢复王位。我身为人天师范,因此,我不愿出去迎接齐文宣帝而使他损了福德,所以我坐在这里,祈求他国基巩固。"

在泰国,不管你身份如何,只要出家披上袈裟,虽是国王将相,也要对你顶礼致敬;同样,地位尊贵如僧皇的出家人,只要脱去袈裟,也就跟平民一样了。

从僧稠大师不迎接帝王的事迹,以及佛教国家恭敬三宝的行为来看,出家为僧,为人天师范,自有其值得礼敬之处。

(二)道悦禅师

隋朝时,朱粲造反,在他洗劫寺庙之后,不知前面路途如何走,要求道悦禅师带路,道悦禅师坐着不动,朱粲怒斥说:"怎么不走?"

"我是比丘,不是带路的人。"

朱粲说:"你是比丘,好!"

说着就把手上大刀按在禅师的脖子上,继续说:"你要头吗?"

道悦禅师说:"头可以不要,但是脚跟是我的根本,我不能改变我的根本。"

道悦禅师不为叛贼引路,正说明僧宝僧格的高尚。

(三) 憨山大师

明朝的憨山大师，12岁出家，19岁受戒。受戒之后，背上生了严重的疮，医生束手无策，他只好求助于三宝，心中对着佛陀发愿，要虔诵《华严经》十部，希望能忏悔业障，发了愿之后，不可思议，他背上的疮便不治而愈。背痛好了以后，大约有一个月的时间，每天的生活好像梦游一样，对世间的种种荣辱毁誉，都不放在心上，甚至在街上，张着眼睛却看不到人，也看不到房子，这个时候的他，心已经栖息于另外一个世界了。

憨山大师本是住在江南，气候温和，他感到在这样的环境修行，不容易刻苦自励，便到北方寒冷的气候去磨炼自己。到了北方，天气严寒，单薄的衣服难以支持，北方人见了，同情地说："这个出家人好可怜啊！只有这件单薄的衣服，穷得这样子。"憨山大师说："我有三衣一钵，足以抵过万种的富贵。"

古德们视荣华富贵如过眼云烟。同样地，如果我们能对物欲减少一分，我们的人格就能升高一分；我们对世间的情念减少一分，我们的道念就能增加一分。

二、从忍让谦虚看古德的行谊

(一) 白隐禅师

有一位白隐禅师，非常有德行，门徒也很多。距离他的寺院不远，有一户开布店的人家，全家都是白隐禅师的信徒。可是他们家的女儿却和一位行为不正的年轻人发生性关系，还没有出嫁就要做妈妈，实在很没有面子，做父亲的一再逼问女儿，到底是和谁造的孽种？女儿生怕一讲出来，他的男朋友会被父亲打死，所以一直不肯讲。后来经不起父亲的一再逼问,她忽然念头一动,爸爸最尊敬白隐禅师,因此就说:"爸爸,我肚子里的小孩是跟白隐禅师有的。"爸爸一听,整个人像天崩地裂一般,万万想不到竟有这样的事,白隐禅师是他最敬重的人呀!他怒气冲冲地拿着木棒,找到白隐禅师,不由分说地痛打一顿:"你这个坏家伙,你和我女儿做的好事!"

"我和你的女儿什么事啊?"

"哼!你还耍赖!"说着,对白隐禅师又是一顿毒打。

白隐禅师觉得不太对劲,但仔细一想对方的话,明白一些端倪,他心想,这个时候辩论也没有用,而且又是关系着一个女孩子的名节,唉!算了!

小孩呱呱坠地以后,女孩的父亲把小孩抱到寺院一掼,丢给白隐禅师说:"这就是你的孽种,还给你!"

从此白隐禅师做了这小孩的保姆,天天带着小孩化缘奶汁,到处遭受辱骂与耻笑:"这个坏和尚!""这个不正经的和尚!"但是白隐禅师不论受到如何蹧蹋,仍是默默地抚养这小孩。

在这之前,小姐的男朋友早已吓得逃跑到外地去了,过了好几年,他回来找这位小姐,问起过去的事。小姐说:"你这个没心肝的人,你走了,我没有办法,只好说这个小孩是跟白隐禅师有的。"

年轻人一听马上说:"你怎么可以诬蔑禅师呢?他也是我的师父。我们真是罪过啊!现在怎么办呢?"

小姐说:"只好去向白隐禅师忏悔!"

听了女儿表明事实真相,父母亲心里感到无限懊悔,立刻带着全家大小,向白隐禅师赔罪忏悔。白隐禅师听了以后,也没生气,只简单地说:"这小孩是你们的,你们就抱回去吧!"

受侮辱、受委屈,一点也不辩论,这种修行,实在不容易。我们被人冤枉,受到委屈,没有关系,时间会为我们洗清一切。别人会冤枉我、欺侮我,因果、佛菩萨不会冤枉我、欺侮我。

(二) 慈航菩萨

汐止弥勒内院,有一位肉身不坏的慈航菩萨。他在世时,有一次,说了一段他自己的故事给我听,他说:

你看,我这么胖,肚子这么大,人家都笑我像弥勒菩萨,但是我过去并不是这样,身材很瘦的。怎么会胖起来呢?有一年,我在福州帮忙传戒的戒期,有一次上厕所去解手,匆忙之间,忘了带卫生纸,幸好大陆丛林的厕所一个接着一个,我对旁边的人说:'喂!你有没有纸?'那个人扬手递过纸来,我顺手一接,发觉竟是这个家伙用过了的,害我捉了一手的大便,我没吭声,谁叫我不带纸呢?后来戒期结束,我分了八十块银洋,放在包袱里,刚好拿卫生纸给我的那个人在那里,他主动帮我搬行李,后来我发觉银洋少了很多,无可怀疑的,一定是这个家伙动了手脚。那时银洋的价值很大,但是我心里想,钱用完了,还可以再得到,一个人的名节一旦毁了,一生都完了,为了这一点,也不再追究,反过来再拿几个银洋给他。后来这个人买了许多东西,别人怀疑他的钱到底是从哪里来的?但我一直没有道出这个底细,从此以后,我就胖起来了。

忍耐,是一种阴德,可以增加福报。所以,如果有人欺侮你、冤枉你,不必伤心,要感到欢喜,因为他为你送来了福德。

(三)鸠摩罗什大师

翻译经典的鸠摩罗什大师,他最初跟随盘头达多出家,跟他学习小乘佛法,后来鸠摩罗什习得大乘佛法,盘头达多知道后,反拜他为师,成为大乘小乘互为师父的美谈。

这种以真理为师,不计较名位,互相忍让、谦虚的精神,实在值得我们效法。

三、从处世泰然看古德的行谊

(一)圆瑛法师

佛教开大座的讲经,开始有信徒代表迎请法师,讲完经以后,维那法师会说:"打引磬,送法师回寮。"等于国宾离开时,放礼炮送他一样。有一次,圆瑛法师讲经圆满了,维那法师有些紧张,竟然把"打引磬,送法师回寮",呼成:"打法师,送引磬回寮。"圆瑛法师听到维那法师这么一喊,马上回答:"不用打,我自己回去。"处世泰然的大师,不论好坏之境,总能一笑置之。

(二)弘一大师

四大高僧之一的弘一大师,对于物质上的生活享受,一向处之泰然。有一次,他的好朋友夏丏尊教授来拜访他,和他一起用餐。餐桌上只有一碟菜,夏丏尊吃了一口,实在难以下咽,又不好意思嫌弃,只好苦着一张脸说:"这菜好咸。"

弘一大师面不改色地吃着菜,欢喜地回答:"咸也有咸的味道。"

即使是用了几年破烂的毛巾,他还是不愿意汰旧换新,一再婉拒别人的好意,仍是一贯地笑说:"还可以用嘛!"床铺爬满了臭虫,换成别人片刻也难安住,但是他却夜夜无忧,一觉到天明。

(三) 重显禅师

宋朝的重显禅师,想到浙江的雪窦寺去参学,路途上遇到夙有德望的长者乡亲,他闻知禅师要到浙江雪窦寺参学,就自告奋勇地说:"雪窦寺的住持大和尚,和我是相交多年的好友,我写封介绍信给你,你带着信给他,一定会受到礼遇的。"重显禅师感谢长者的好意,带着他的介绍信上路,经过几个月的跋涉,终于到了浙江雪窦寺。

时光匆匆,重显禅师在雪窦寺已有五年了。有一天同乡的长者来拜会住持和尚,谈起此事,探问重显禅师的近况:"当时我替他写了介绍信,不知道有没有交给住持和尚?"

住持闻语,十分讶异:

"这个人确实已进禅堂参修,倒是没收到你说的信。"

于是,住持派人把重显禅师找来。同乡的长者问:"你为什么没有把我写的介绍信给住持和尚呢?"

重显禅师回答:"出家人应是一无所求地随缘参学,介绍信所带来的特别待遇,只会使我生起傲慢,反而阻碍我的修行。因此,我并没有把你的信转呈住持,今日你既已到此,我就把信还给你吧!"重显禅师五年来隐晦自泰,不求闻达,那种磊落洒脱的气度,没有几个人可以与之相比的。他得到住持和尚的欣赏,将管理雪窦寺的重责大任交给他,光大门庭,令禅宗大树法幢,后人尊称他为雪窦重显禅师。

现在的人,都禁不起人情冷暖的考验,也经不起折磨考验,所以从古代大德的行谊看来,我们知道,他们对世间好坏都能处之泰然,也因此才能成为一代大师。

四、从忠孝勇敢看古德的行谊

(一)道楷禅师

宋朝的道楷禅师,他的德行节操也是难能可贵的。有一次,皇帝要赏赐紫袈裟给他,并封号为定照禅师,道楷禅师视功名富贵如浮云,不肯接受。皇上再派开封府尹李孝寿说明皇上奖赏之意,他仍然不肯接受。皇帝生气了,派人去捉拿,使者知道道楷禅师是很忠诚的人,借故问说:"禅师身体有病吧?"

道楷禅师说:"没有。"

使者又说:"只要说有病,就可以不受处罚了。"

道楷禅师说:"我怎么可以说身体不好来欺骗皇上,来获免受罚呢?不可以的。"

对一般人而言,皇帝要颁发奖赏,那是求之不得的事,道楷禅师却保持修道高操的风范,莲池大师曾赞叹道楷禅师:"荣及而辞,人所难也;辞而致罚,受罚而不欺,不曰难中之难乎!"他的清高,以及无欺的勇敢精神,真是令人敬佩不已!

（二）法遇法师

晋朝的法遇法师，侍奉道安大师为师，是位大根器的人，有400多人跟随他学习佛法，有一次，有一位游方僧喝了酒，法遇知道以后，只加以处罚而没有迁单开除。道安大师知道这件事，认为犯了佛门严重的戒规，却不严格执行戒法，如何领众竖立法幢？所以立刻准备竹筒，内中装一竹杖，派人送给法遇法师，法遇法师打开竹筒看见竹杖，明白是为了喝酒这件事，远劳师父忧虑，心中惭愧万分，马上敲钟集众，供起香案，自己伏在地上，请维那法师用竹杖鞭打，代替道安大师处罚自己训众不严的过错。

这种事情，若是换了现代的年轻出家人，一定先打碎竹筒，折断竹杖，然后说："这个老家伙，太爱管闲事了。"回想古代大德，他们那种尊师重道，孝敬师长，勇于认错的态度，实在是我们所应学习的地方。

（三）法冲法师

唐朝贞观初年，朝廷下令，凡是不经政府许可而私下度人出家者，判处死刑。有许多私自剃度的出家人，就逃到法冲法师处避难，使得粮食缺乏。法冲法师亲自到县府，请求布施道粮，并说如果要判死刑，他可以顶替众人的罪。官府受到他的勇敢与大义所感动，冒犯法网周济粮食给他。

一般人为了个人的利益，容易生起勇气；但为大众的利益，牺牲自己的生命，这种勇气就会有所计较了。古代大德常常为了大众的利益，为了佛法的延续，表现出勇敢的精神，甚至牺牲生命都在所不惜。

修持态度

上述是古德们的行谊,其次,谈论我们应有的修持态度。

一、在观念上应有的修持态度

在我个人修行或教学的体验中,我认为观念的正确与否,对一切修行或事业,有着重要的影响。正确的观念,好比八正道中的正见,如果观念不正,则无论信仰、求法,甚至做人处事,都有可能失之毫厘,谬以千里。

我认为学佛修持,必须先具备四种观念:

(一) 佛教重于寺庙

当今不少佛教徒只知道护持师父,不知道护持教团、护持佛教。出家僧众只知为寺院辛劳,但不知为佛教奉献。佛教与他们好像没有什么关系,所以,到处的寺院都有办法,就是佛教会没有办法。

有一些寺院,非但对佛教提不出贡献,反而成为复兴佛教的累赘。寺院是靠佛教而存在,但现代的佛教却不能因寺院而兴隆。所以我们应该先建立佛教比寺院重要的观念。

(二) 大众重于自己

佛教是一个重视大众的宗教,佛陀也常说大众所在才是佛陀慧命之所在。没有大众,就没有佛国。所谓"要成佛道,先结人缘"。这说明了佛教对大众福利的重视；不重视大众，一切就都不是佛法了。

中国大陆上的丛林选任住持时，第一个条件是看他有没有供养心，有供养心的人，才会注意大众的利益。遗憾的是许多佛教徒，只知道自己的拥有，不知道全佛教的前途。所以学佛修持，应先具有的观念是：大众第一，自己第二；佛教第一，寺院第二。

(三) 护法重于护人

今日佛教，护法的人少，护师的人多；护佛的人少，护神的人多；护教的人少，护人的人多；护道的人少，护情的人多。到处都以人为中心，不以法为中心。佛法需要的，不易引起大家的注意；师父需要的，信徒争先恐后地护持。遗憾的是有些法师不推动佛教的教育、文化、慈善等事业，只看中自己寺院的利益，甚至只顾个人的利益。佛教的四依："依了义不依不了义，依智不依识，依义不依语，依法不依人。"其中依法不依人，更是佛教徒在观念上首先应该建立的修持态度。

(四) 退让重于争取

佛法告诉我们凡事要忍辱，名利之前要退让三分，不幸的是许多人没有学到佛法的退让，仍然一如世法的争取，甚至为了争权夺利，不惜公堂相见。

有一首偈语说："手把青秧插满田，低头便见水中天；六根清净方为道，退步原来是向前。"低了头，就能看见水中天；退了步，就能把秧插满田，这实在是耐人寻味的话。

二、在生活上应有的修持态度

我们不能以物质生活为满足,要进一步探究精神的生活;不能以世乐为乐,应一心以佛法为乐。在生活上,我提出四点应有的修持态度:

(一) 精神重于物质

佛教并非不重视衣食住行,生活离不开物质,但是完全生活在物质里,就会被物质所囚,所以我们要扩大精神领域,才能超越物质的生活。

后唐的全付禅师,力辞朝廷颁赐的袈裟,使臣奉命再往,他仍推辞说:"吾非饰让也,恐后人效吾而逞欲也。"佛教中的大德,精神世界富有了,就不再介意外境物质的有无。像希迁禅师以石头为家、大梅禅师以松子为食、高峰禅师冬夏一衲、大随禅师八十行脚……这些大德不管肉体上怎么困苦,物质上如何贫乏,他们仍然坚持精神胜过一切,这就是学佛修持的受用。

(二) 修行重于言说

中国自明清以来,佛教徒大都非常理解佛法,善于谈玄说妙,讲说佛法头头是道。遗憾的是少有实证的功夫,一个对于宗教没有实际体验的人,其言行难免会走样。比方说念佛,曾有过一心不乱的境界?参禅,曾有过心境合一的时际?礼拜,感到庄严的人格升华?诵经,对佛法有大信心,生大尊敬?除了这些形式的修持,对横逆境界有大忍耐,不生退心?对芸芸众生,能慈悲喜舍,毫不悭吝？在五欲之前，能去除贪念？在气恨之时，能去除瞋心？

说到一丈，不如行到一尺。佛法不是哲学，只供我们谈论，主要是在生活上表现佛法的行持；这些行持是不在言说之间的。

（三）不变重于随缘

佛教里常听到两句话："不变随缘，随缘不变"，不变宗旨而能随缘行道，随缘生活而能不变所宗，这是很好的修行。但是，不变的人养成墨守成规，增加我执法执，反而成为佛法复兴的障碍；随缘的人有了这美好的随缘借口，甚至坏事做尽，也说是随缘。如果随缘俗化，随缘堕落，不如还是坚持佛法的戒律，不变为好。

千余年来，佛法太随顺世间，太肯随缘，到今日已成为社会化的佛法；我们希望的是用佛法化导社会，不可为社会所化。佛法中做人的基本五戒是不变的，四谛十二因缘是不变的，菩萨道的六度是不变的，慈悲心、菩提心是不变的。变，是把坏的变为好的，不是把好的变为坏的。佛教徒主要的课题，是把佛教的本来精神、本来面目，实现在人间社会，千万不可忘记自己的立场，一味地随缘；在随缘中要不变所宗才是最重要的。

（四）法乐重于世乐

信佛学佛，不是为了受苦而来，是为了追寻快乐而来。有些人以为信佛学佛以后，不能吃好的，不能穿好的，五欲不可贪，六尘不可染，进一步还要行布施，学忍辱。其实佛法不是叫我们不要快乐，佛法是重法乐不重世乐，世间欲乐不去一分，佛法法乐就不能增加一分。世乐是短暂的，污染的，信佛学佛的人不知体证法乐，不知从慈悲布施、忍辱行道,以及各种修持法门中体证快乐,实在是非常可惜的事。

在僧团里,许多出家学道的人,远离故乡,抛弃亲人,过着简单的云水或茅蓬的生活,他们正是"吾有法乐,不乐世俗之乐"。不能获得法乐,仍然喜欢世乐的人,在佛法里是不容易生根成长的。

三、在世法上应有的修持态度

人生于世间,不能离开世法,佛法也不能离开世间法,所谓"佛法在世间,不离世间觉;离世求菩提,犹如觅兔角"。那么,在世法里我们应抱持何种的修持态度呢?以下兹提出四点略作说明:

(一) 法情重于人情

世法依人情,佛法则不依人情。因为超脱了人情人性,才能有道情佛性。

一位有钱有势的"护师"信徒,想要扶乩跳童,问他的皈依师父:"师父,我能扶乩吗?"

师父迎合说:"能扶!能扶!"

另一个问:"师父,我生性欢喜吃牛肉、羊肉,可以吗?"

师父也说:"可以,可以方便!"

"宁教老僧堕地狱,不拿佛法作人情",宁可穷死、饿死,宁可不建寺院,没有信徒,也不可说出违背佛法的话,做出违背佛法的事。

唐朝的从谏大师,中年出家后就从未回家,过去俗家的孩子长大了,非常思念父亲,希望能见父亲一面,经过多方打听,知道父亲驻锡处,不远千里跋涉,终于找到那所寺院。他从小离开父亲,不知父亲的样子,刚巧一个大和尚开门出来,他问道:"请问大德,从谏师父在吗?"

"你找他做什么?"

"他是我的父亲……"

从谏大师用手一指东边说:"在那边!"

孩子走后,从谏大师把门一关再也不开了。学佛的人,如果每事都在人情里周旋,就会离道很远,唯有把佛法看得比人情重,才能获得佛法的利益。

(二) 清淡重于攀缘

人情很浓,修道很淡。学佛修行的人,入门后首先要学习过清淡的生活。

物质生活缺乏,不用太放在心上,要在心上寻找比物质更宝贵的东西;人情生活缺乏,不用太放在心上,要在心上寻找比人情更重要的法情。

不能安于清淡,就不能与佛法相应。大乘佛法里虽有多彩多姿的丰富内容,例如菩萨戴的是宝冠,挂的是璎珞,甚至佛界如琉璃世界、极乐世界都是那么富有,那么堂皇,但是那一切仍是从清淡中去庄严的。

(三) 化他重于被化

出家弟子要化他,在家弟子也要化他。一般佛教徒度众的热忱,总不如其他的外教。有一些佛弟子热心化他,但由于自己所信所修不够,不但不能化他,反而被他化去了。所以,本身必须具足信心、定力、辩才、慧解等资粮,才有度化他人的力量。

(四) 有道重于有财

依世法而言,人生最重要的是有钱,但在佛法上,人生最重要的是有道。究竟是财重要还是道重要？从人间立场来讲,财也重要,道也重要。佛教如果没有净财,怎么养众和度众？怎么兴教立业？大众如果没有道行,怎么安身立命？怎么超然解脱？可见财和道都重要,不过比较起来,我们学佛修持,仍然是有道重于有财。

一般而言,赚钱的人多,办道的人少,因为在现实的生活里,钱比较重要。但是水、火、盗贼、贪官污吏、不肖子孙等五家共有的钱财,就算拥有它,也是烦恼重重,危险不已。而且,财有用完的时候,道是受用不尽的。

四、在义理上应有的修持态度

我们修持应依法而修,圣言量是我们修行的准则,学佛修行必先通达佛法的基本义理,如有佛法义理作为依据,则所修所行必定不会有什么差错。对于无边的佛法义理,我们应采取什么修持态度呢？兹分四点说明：

(一) 融通重于宗派

佛教里有主张专宗修行一门深入的,专宗修行不错,但不能有宗派的争执。不管学禅宗、净土宗或天台宗,所修所学的都是佛法,不要互相非难,应互相尊敬,彼此融通。

有个笑话说,有一位师父两腿患了风湿病,由两个徒弟轮流按摩,大徒弟按摩左腿,小徒弟按摩右腿,每次轮到师兄按摩时,师父就赞美师弟的按摩技术,轮到师弟按摩时,师父又说师兄按摩得怎么好,师兄弟二人每次听了都满肚子不高兴。有一天机会来了,师兄趁师弟外出,就把他按摩的右腿打断,让他回来按摩不到,师父也不会称赞他了;师弟回来一看自己按摩的师父右腿没有了,心想一定是师兄搞的鬼,便把他按摩的左腿也打断。两个徒弟为了互相嫉妒,逞一时之气,师父的两条腿没有了,被害的不是徒弟而是师父呢!

如同修学禅宗的批评念佛的人靠他力没有出息,修学净土宗的人又讥嘲参禅的会走火入魔,各宗派为了自己的教派而歧视别人,损失的还是佛教。

(二) 实证重于慧解

修学佛法需要慧解;不重慧解,盲修瞎练是非常危险的。但是光在慧解上着力,在修持实证上没有功夫,慧解也只是知识,和研究哲学差不多,不能获得宗教里的真正利益。

发心修持佛教,必须在生活里受用、实践。例如嘴边常赞美别人,是奉行佛法的言语布施;常体会人我之间的因缘关系,就能悟出众生原是一体不可分的;勤劳服务,看起来是为别人,其实是为自己;感恩恭敬,看起来是对他人,其实受益的是自己。

学佛的人能够行解并重最好,否则做个老实修行的人也不错,千万不可只有世智辩聪,于己无益,对别人也没有帮助。

(三) 信仰重于怀疑

佛法有时候从信仰入门,有时候也从怀疑入门。禅宗教育初学者,常常教他们要提起疑情,佛法是不怕怀疑的,但是,如《华严经》所言:"佛法大海,唯信能入。"又说:"信为道源功德母,长养一切诸善根。"在信仰上培养绝对的肯定,才是契入佛门之道。

佛陀的智慧深广无边,一般浅知浅学的凡夫,对深广无边的佛法都能完全信受奉行,自然不是容易的事,但是信仰而不怀疑,肯定一切而不否定一切,这是对佛法义理应有的态度。

(四) 普遍重于神圣

许多人在有意无意间常把佛法义理神秘化,例如孕妇不能诵《金刚经》;家中有死人或女人生产,需将佛像经书遮盖起来。甚至有些寺庙,请购了《大藏经》,将之束之高阁,说是供养不是给人阅读的;佛经太神格化了,这是佛法不能普及的原因。

经典的神圣在于其义理、内涵,非文字本身,借由经书文字而将佛法普遍弘传,深入人心才是最重要的。

古德的清高朴素、忍让、处世、忠孝等各种行谊,可作为我们修行的榜样;明了在观念、生活,及世法、义理上应建立的修持态度,使我们在实践时不致走偏。如此的见贤思齐、解行并重,相信定能安然无碍地进趋佛道。

1976年11月讲于台北艺术馆

奇人的修证

奇人也是人,他们之所以称奇,
是因为具有超乎常人的忍耐、愿力、智慧、慈悲、精进等精神。

在现代社会中,我们时常对各种的奇人异事感到惊讶,以为不可思议,其实,古代的典籍里记载了很多的神奇事物,比现代的玄异之事更引人入胜。我们今天越过千百年的时光隧道,参访这些奇人异事,为的是探索古往今来伟大人物的智慧、愿力,学习他们忍辱、精进的精神力量,而不仅仅止于好奇和兴趣。

什么是"奇人"呢?就是具有大忍耐、大愿力、大智慧、大慈悲,能够了脱生死,断尽烦恼的奇妙之人。他们对于生命意义,常常别有会心;对于生活境遇,总是巧于解脱,他们具有许多与众不同的心灵和气质。以下从六个角度来谈谈佛教里的奇人,并借由他们的修证了解佛教许多微妙玄通的智慧。

一、从忍耐看佛教的奇人

提到"忍耐",有的人心里会想:"我的脾气很好,我待人也很和气,什么挫折我都能忍受,我的忍耐功夫也是不错的!""忍耐"并不只是平常生活的忍受能力,而是指灾难考验来临时,能够忍辱耐烦的自制力。以下举几个佛教里大忍耐的奇人,作为参考。

1. 宋朝的浮山法远禅师,听说北方有一位得道的高僧,就邀天衣义怀禅师等八个人,千里迢迢从南方行脚到北方去参访名师;他们千辛万苦地走过高山峻岭,历经几个月才赶到那所寺院。一行八个人依照规矩进客堂挂单,可是,从早上一直等候到中午,都没有法师出来招呼,几个人又饥又饿,寒冷的风又呼呼地吹,有四个人受不了饥寒,就走了。剩下的支撑到了黄昏,还是没有人理他们,终于又有三个人待不下去,决定走了。到了晚上就剩下法远禅师孤单一人。冰冷的寒风一直灌进来,法远禅师又饿又冷、手脚都冻麻木了,可是,他下定决心,为求佛法绝不退缩。这时来了一位知客法师,很不客气地斥逐他:"喂!你为什么还坐在这里?快点走啊!"

法远禅师一动也不动,很恳切地向知客法师表白求法的虔诚。想不到知客法师完全不听他的解释,只是一个劲地斥逐:"没有人理睬你,你就应该走了,还啰唆些什么?"

法远禅师丝毫不被知客法师的严词厉色吓阻,依旧端庄地坐着。知客法师看他竟赖着不动,回身捧来一盆水,兜头泼过去,泼得法远禅师一身湿淋淋的,水滴被寒风一吹,便化成了冰,冷冽刺骨,法远禅师却依旧八风不动地端坐着,缓缓说道:"大德,我千山万水来此求法,岂是这一盆水就能把我赶走吗?"

各种困难、苛责、侮辱都动摇不了求道热忱的法远禅师,终于如愿地被留了下来,但法远禅师在寺里挂单以后,生活却更难过了,可说是众苦咸集。每天负责煮饭给好几百个人吃饭的法远禅师,看大家生活得这么苦,实在不忍心;有一天,拿了点油掺在锅里,煮咸稀饭给大家吃,大家吃得非常高兴,还取名叫"五味粥",这件事被当家法师知道后,可不得了,立刻传唤法远禅师来骂:"你怎么可以拿常住的油煮饭给大家吃?你这么会做人情?赔油!赔常住的油!"

法远禅师合十答道:"我没有钱赔啊!"

"没钱赔?把你的袈裟、棉被、铺盖留下来赔偿!"

法远禅师凑齐所有的衣物赔偿还不算,又被赶出山门,两手空空,什么都没有了。这时的法远禅师,一心不乱静静地在山门外打坐,不顾风吹雨淋,不退初心的等待机会再进去挂单求法。这样熬了半个月之后,寺里的住持才发现有一个人寂守在长廊上,仔细一看,竟是因添油下菜被迁单开除的法远禅师,便走过去责问:"你怎么还坐在这里不走啊?你坐多久了?"

禅师恭恭敬敬地答:"半个月了。"

住持一听,立刻借题发挥:"什么?你白白在这住半个月了?算房租!算房租!"

这时的法远禅师已经身无分文了,哪里有钱付房租?只好到处诵经来还债,虽然艰苦备尝,但是修学佛法的愿心却始终不放弃。住持看到法远禅师能经得起火煎冰冻的考验,法性具足,这才立刻升座,请法远禅师接掌住持职位。法远禅师深明"心是怨家,常欺误人"的妄境,忍了又忍,终于能戒瞋除垢,如法成道,达成《法句经》里"舍弃忿怒,灭除慢心,超越一切束缚,不执着心和物;无一物者,苦恼不相随"的境界。

2. 西藏的密勒日巴尊者，也是借助大忍耐、大精进而修持正法。年轻时的密勒日巴，因为修持密宗的咒术黑业，不用在正途，后来悔改知错后，就不远千里礼拜马尔巴上师学道；上师因为他的根习未净，为拔除往昔所造罪业，再三应机度化，在生活里锤炼他的忍辱心性。当密勒日巴拿着经书到佛堂里准备持诵时，上师就挥赶斥逐他："你的书拿到外面去！我的护法神嗅了你的邪书气，会打喷嚏的！"

密勒日巴立刻觉得羞惭，心想："上师大概知道我的书里有咒术和诛法吧，我今后决不能再使术造孽了！"

为了供养师父，密勒日巴四处化缘，好不容易讨来21升麦子，他用14升麦子买了一个崭新的大铜灯，再把剩下来的麦子装在自己做的皮口袋里，捆在铜灯上，一路万分吃力地背回来。满满一口袋的麦子极重，铜灯也压曲了肩，好不容易背到上师住宅前，已经疲惫不堪了，扑通一声，把东西从背上卸下来，落地太重，把房子都震动了。上师出来一看，立刻申斥说："这个小子，气力倒真不小啊！你是不是想把我的房子弄倒，压死我啊？真可恶！把口袋拿出去！"

一面责备，一面还抬起脚踢他。密勒日巴只好把麦子拿到外面，心里暗想："这位上师真不好惹，以后总得好好地谨慎侍候才是！"

像这样借题发挥的责难，几乎无日未有；严苛无情地劳其筋骨，空乏其身，在动心忍性间启迪密勒日巴的法性，一直到历经种种挫辱鞭策，终于得到心传正法后，马尔巴上师才和颜以对，师徒两人抱头痛哭一场。密勒日巴所证得的无上妙谛，就是在这样一次又一次的非难与挫辱中成就的。

所以，刻骨铭心的要求，是诸佛菩萨的慈悲；而能够吃得苦中苦的人，才能直证菩提，求成佛道。

佛教所讲的忍耐，不仅要忍合情合理的责求，忍一时一地的折磨，更要忍受悖情逆理的误解，把忍耐当作诸佛菩萨的慈悲教诲、福报修持，在其中肯定自我的道德人格，肯定真理正义终必水落石出的信念。我过去修行学道的时候，也曾受到各种试探、磨炼，虽然跟这些前辈比起来，是百分不及一、千万分不及一的，但是已经使我感受到"至艰至苦的磨炼，是为了至深至久的幸福"的意义，也训练了我"千磨百劫犹坚韧，任尔东西南北风"的态度；可以说我今天的一切所学所能，都是吃种种苦、耐样样劳而磨炼出来的。

3. 金山寺的妙善禅师，世称"金山活佛"，是现代人，1933年在缅甸圆寂。他行迹神异，又慈悲喜舍，到今天还流传着许多他难行能行、难忍能忍的奇事。

在金山寺旁的一条小街上，住了一个贫穷老婆婆，与独生子相依为命，偏偏这儿子忤逆凶横，不时打骂亲生母亲。妙善禅师知道此事后，生起了悲悯心，便常常去探望老婆婆，为她说些因果轮回的道理。那个逆子非常厌恶这个和尚常来家里，有一天起了恶念，悄悄拿着粪桶躲在门外，一等妙善禅师走出来，就不声不响地把粪桶朝禅师兜头一盖，刹那间腥臭污秽的粪尿淋满了禅师全身，一时轰动了半条街，大家赶来看热闹……妙善禅师却不气不怒，一直顶着马桶跑到金山寺前的河边，才缓缓把马桶取下来。旁观的人看到他的狼狈相，更加哄然大笑，妙善禅师毫无在意地说："这有什么可笑的？人身本来就是众秽所集的大粪桶，大粪桶上面加个小粪桶,有什么值得大惊小怪的呢?"

有人问他:"和尚,你觉得难过吗?"

妙善禅师说:"我一点也不难过,老婆婆的儿子对我慈悲,给我醍醐灌顶,我心里正觉自在哩!"

受苦受辱到这种地步,还能一心不乱地离妄去瞋,妙善禅师的心胸是何等高超!后来那个忤逆儿子觉悟了,来向禅师谢罪忏悔,金山活佛欢喜地向他开示:"父母养育之恩山高海深,佛陀说:'若人百年之中左肩担父,右肩担母,于上大小便利,极世珍奇衣食供养,犹不能报须臾之恩。'父母养大你,费了多少心血精神,你不能让母亲时时欢喜安乐,反而打骂犯上,如此不孝,何以为人?"那个逆子听了,衷心悔悟,跪在活佛面前,痛哭流涕地忏悔道:"我真该死!我真该死!"

受了活佛的感化,那个逆子从此痛改前非,竟以孝名闻声乡里。后来母子两人皈依佛门,受持斋戒,一起做了佛门弟子。

佛教相信"以争止争,终不能止,唯有能忍,方能止争",像金山活佛这种忍耐,是勇于牺牲的精神,不是软弱的行为,所谓"舍恚行道,忍辱最强",它的力量之大、功德之多,是布施、持戒所不及的。

古诗说:"从来硬弩弦先断,每见钢刀口易伤;惹祸只因闲口舌,招愆多为狠心肠。"太刚则折,以暴乱、武力为处世态度,很容易遭受到伤害、毁坏。拿我们的牙齿与舌头来比喻,坚硬的牙齿未老先落,而柔软的舌头却伴随我们至死,可见刚强刚愎不一定长久,柔和柔顺不一定软弱。像寒山子的诗:"人来谤我我何伤?且忍三分也无妨;却为儿孙榜样计,只从柔处不从刚。"可见忍耐是潜移默化的功夫,能忍一时之辱,便能夷灭自己一时之戾气;能修一世的忍耐，便能默化他人一世的顽冥。

百炼钢之所以能化成绕指柔，全凭"忍"字一诀。从浮山法远禅师、密勒日巴尊者和金山活佛忍辱的事迹中，应能得到很好的启示。

二、从愿力看佛教的奇人

所谓"愿力"，是为了实现人生崇高的目标及理想，不惜牺牲奉献的一种大无畏的力量。身为佛弟子，最大的愿力就是绍续诸佛慧命，担负如来家业，使众生都能苦海得度。佛教的奇人，他们所抱持的愿力是：以大慈悲度众为愿——是为大我、公义而发下弘愿，不是为了满足一己之私利而发愿。以大无畏精神为力——这种力是"虽千万人吾往矣"的精神力，不是诉诸意气的蛮力。

结合大愿心和大无畏所形成的力量，是"精诚所至，金石为开"，没有达不到的理想，办不成的事业。以下是结合此愿心和力量的例子：

1. 唐朝的鉴真大师是江苏扬州人，饱读经论，弘扬佛法不遗余力，深为当时士民所重。那时有两名日本僧人荣叡、普照，久仰鉴真大师的盛名，特地渡海来请大师前往日本弘法。大师为了使佛法的甘霖能普沾天下苍生，便欣然应允。许多弟子劝他不要贸然前往，以免遭遇不测。鉴真大师说："为大事也，何惜生命！"坚持前往日本弘法。

但是，一次又一次地阻碍，几度扬帆历经千辛万苦，一路上困难重重，不但未能达成佛法东传日本的愿心，反而因局困海中孤岛两年，导致双目失明。然而，再大的艰难困苦，终不能遏阻大师远渡重洋的愿心，他内心深觉弘扬佛法于海外的事业"舍我其谁"，因此愈挫愈勇,再接再厉。经过12年的艰苦备尝,终于在第6次的航行后圆满实现。

鉴真大师为这个荒陬野岛带来了宗教、文学、医理、建筑、服饰、美术、工艺、蔬果、文物制度等种子,散播在东瀛三岛的土地里,使日本初民能亲炙大唐文化,普沾法喜。鉴真大师为了弘法异域的悲愿,不惜与顽民周旋,在误解中忍辱,在逆境中精进,甚至奉献自己的器身,用大无畏的精神来导航,以佛陀慈悲的愿心作依靠,终于完成了启导日本文明的弘法家业。

所以,真正的愿力是不受时间、空间的限制,它会在忍辱、持戒中萌芽,在慈悲、精进中结成奇花妙果。

2. 唐朝的玄奘大师,一生殚精竭虑于佛经的传译事业,亲自跋涉瀚海,攀越峻岭往西方取经。其绍隆佛种、光大佛法的弘愿,不曾因路途遥远、时日漫长而稍息。当他身陷荒地沙漠,命在垂危之际,还咬紧牙关地发愿:"宁向西天一步死,不回东土一步生。"这种为佛法献身的大愿,终于使他平安地从印度取经回国,承续佛陀的慧命光辉,让中国佛教从此开花结果。我们常说佛教的四大精神是"悲、智、愿、行",地藏菩萨怜恤地狱众生的煎熬辛苦,发下"地狱不空,誓不成佛"、"众生度尽,方证菩提"的悲愿,这种大愿已包含了大悲、大智、大行的精神。所以,我们从愿力来看佛教的奇人,不仅只看愿的大小,更要体会古德先圣们愿心的崇高伟大,他们的"奇异"之处,正奇在此中。

三、从智慧看佛教的奇人

在佛教里,不仅80岁的老禅师、老和尚具有奇人异事,有时候连 10 岁的小沙弥也令人称奇,7 岁的均头沙弥证得阿罗汉果,就是极好的例子。以下另举几例来说明奇人的智慧。

1. 从前有两国交战,甲国向乙国下战书,限对方数日之内回答 8 个问题,如果能圆满答复,甲国便俯首称臣,如果答不出来,表示这个国家没有智慧之士,不足以立国。乙国的君臣,对 8 个难题百思不得其解,眼见大难将至,国王急得像热锅上的蚂蚁,只好向全国百姓张贴布告,谁能解答这 8 个问题,就封他高官爵,赐他厚俸禄。一天天过去,眼看期限将至,还是没有人出面,到了最后一天,有个老禅师游方而来,看到告示上的 8 个难题,抚掌大笑,撕下告示,来到国王的面前说:"这些问题太简单了,我能解答。"这 8 个问题是:

(1) 什么水比海水多？老禅师说:"一杯法水比海水多。"一杯水浇在枯萎的花草上,花草得到及时灌溉,可以欣欣向荣,这杯水就是甘霖;一杯水给一个焦渴的人喝,他的咽喉内脏得以滋养,可以活命保身,这杯水即是甘泉;佛法的喜水洒在绝望、痛苦的心田,润泽他枯涸的心灵,使他获得新生,发挥智慧,贡献大众。一勺法水,便是胜于大海汪洋的甘露。

(2) 什么人最美？有慈悲心的人最美。衣饰容貌的美是短暂的,人有老的时候,衣服有破旧的时候,只有慈悲心亘古常新。慈悲为怀的人能够化恶境为善缘,化假意为真情,化腐朽为神奇,使周围的人一起感受到社会的温暖,人情的芳香。

(3) 什么人最富？布施的人最富有。因为行布施的人有喜舍心,能够知足常乐,布施出去的是有限有相的财富,却能获得无限无形的心宝。所以说,布施的人最富有。

（4）什么人最穷？贪欲悭吝的人最穷。因为悭吝的人永远不能满足，欲求多则多苦，苦则不乐，心里像不毛之地，长不出欢喜的妙果。所以，物质的贫不算贫，心里的贫才是大贫。

（5）双马如何分母女？两只身高、重量、毛色完全一样的马，如何分别哪一匹是母马？哪一匹是小马呢？禅师说："放一堆草在地上，看看哪一匹马让另一匹马先吃？让的是母马，吃的是小马。因为畜生也懂得亲情，母马一定慈爱它的小马，让小马先吃。"

（6）双蛇如何分雌雄？两条蛇，一样颜色、大小，如何区分雄雌呢？老禅师巧妙地解答这个问题："弄一张网来，把蛇兜进去，公蛇一定非常着急，要找出口保护母蛇逃生，母蛇则会静静地卧在网里不动。由此可以知道哪条是公蛇，哪条是母蛇。"

（7）什么力量最大？老禅师说："忍辱的力量最大。"寒山子有一首诗："瞋是心中火，能烧功德林；欲行菩萨道，忍辱护真心。"忍辱的力量可以化贪瞋为欢喜，化困厄为平顺；忍辱的力量是沛然莫之能御的。

（8）什么人最不自由？也许有人会认为关在监狱里的人最不自由，事实上最不自由的是犯罪而不为人知的人，他虽然没有被绳之以法，关到监狱里，可是，他不管走路、吃饭，时时刻刻心里总有挂碍，日夜受到良知的谴责，死困在暗无天日的"心狱"里；这种良心不安的人，才是最不自由的人。

老禅师的智慧解救了这个国家的兵燹，使老百姓免于战火的蹂躏，所以，智慧能够化干戈为玉帛，化暴戾为祥和。

2. 在佛教里，还有一位聪明的那先比丘，从他智慧流露的事迹中，可知他是一个很了不起的奇人。有一次，弥兰陀王故意非难那先比丘,诘责他说:"你跟佛陀不是同一个时代,也没有见过释迦牟尼佛,怎么知道有没有佛陀这个人?"

聪明的那先比丘反问他:"大王,您的王位是谁传给您的呢?"

"我父亲传给我的。"

"父亲的王位是谁传给他的?"

"祖父。"

"祖父的王位又是谁的?"

"曾祖父。"

那先比丘继续问:"这样一代一代往上追溯,您相不相信您的国家有一个开国君主呢?"

弥兰陀王正容回答:"我当然相信!"

"您见过他吗?"

"没有见过。"

那先比丘又问:"没有见过怎能相信呢?"

"我们的开国君主制定了典章、制度、律法,这些都是有历史记载的;我虽然没有见过他,但是,我相信他一定存在的。"

那先比丘微笑颔首说:"我们相信佛陀确有其人,因为佛教也有佛、法、僧,有经、律、论,有佛陀所制定的戒律和历史事迹,他决不是虚构不实的人物,这个道理与你们有开国君主是相同的。"

弥兰陀王无法借此非难那先比丘,动了脑筋又想到另一个难题,他问:"你们佛教徒常常讲:'人生第一快乐就是证悟涅槃,达到不生不死不灭的境界。'那先比丘,你已经证悟涅槃了吗?"

那先比丘谦恭合十道:"惭愧,还没有。"

弥兰陀王得意地问:"既然没有证验过,你怎么知道有涅槃的境界呢?"

那先比丘不直接回答,反问弥兰陀王:"大王,假如现在我拿一把大刀把您的膀子砍掉,你痛不痛啊?"

弥兰陀王变色说:"当然痛!哪有膀子砍断了不痛的!"

那先比丘追问:"您的膀子又没有被人砍断过,您怎么知道痛呢?"

弥兰陀王答:"我看过别人被砍断膀子的痛苦情状,我当然知道痛啊!"

那先比丘微笑致意道:"大王,我也同样地看过别人证悟涅槃时的快乐,所以我知道涅槃境界的美妙啊!"

弥兰陀王这个疑难又再次被驳倒,他还是不服,绞尽脑汁第三次发问:"你们出家人以慈悲为怀,你怎么去原谅你的仇敌呢?"

那先比丘开颜笑了:"大王,如果您的腿上长了一个脓血疮,您会把腿砍掉吗?"

"不会!"

"那么,大王您怎么办呢?"

"我会细心地清洗它,为它敷药,时间久了,疮就好了。"

那先比丘说:"是的,仇敌、坏人就像一个脓疮,不去照顾、医疗,就会蔓延恶化,所以必须用法水去清洗,使他们弃邪归正,改过自新,这个跟大王您护持腿上的脓疮是同样的道理。"

弥兰陀王点头称善,他想一想又计上心来:"你们常常劝人要修来生福,你们既没有经历过死亡,怎么知道人死之后还有来生呢?"

那先比丘和蔼地回答:"这好比甜橙,果实成熟了掉在地上,果肉腐烂了,可是种子却埋在土壤里,等到时机成熟,就会萌芽、成长,茁壮为一棵甜橙树。人的身体只是四大暂时的假合,等到幻境破灭,躯体也就死亡了,可是业识却能不断生死流转,好像甜橙的种子在六道轮回中生生不息;不止有一个来生复苏,而且有无限个来生。"

弥兰陀王心有不甘,又提出第五个问题来质疑,一个比一个更难回答,但是那先比丘智识过人,胸有成竹,依旧微笑着一一开示。

3. 佛教里类似的智慧,经典卷帙间俯拾即是。有名的一休禅师,就具有在谈笑间旋乾转坤的菩提心量。有一天,一位信徒向一休禅师告辞:"师父,我不想活了,我要自杀。"

禅师问:"活得好好的,为什么要寻短见呢?"

"师父,您不知道,我经商失败,现在债台高筑,被债主们逼得无路可走,我没有办法应付,只有一死了之啊!"

"难道一定要死才能解决吗?没有别的路可走吗?"

"没有了!我家里只有一个幼小的女儿,我已山穷水尽别无生机了。"

禅师灵光乍现:"我有办法了!"

信徒急问:"师父,您有什么办法?"

"只要你把女儿嫁给我,我做你的女婿,问题就解决了。"

信徒大惊失色:"这……这……这简直是开玩笑!您是我师父,怎能做我的女婿?"

一休禅师胸有成竹地挥挥手说:"要帮助你解决问题啊!你赶快回去宣布这件事,到迎亲那天,我就到你家里做你的女婿。"

这位信徒素来十分虔信一休禅师的智慧,回家后立刻宣布:某月某日,一休禅师要到家里来做他的女婿。这个消息一传出去,立刻轰动全城。到了迎亲那天,看热闹的人把商人家里挤得水泄不通,争着一睹这件奇事。一休禅师安步当车抵达后,什么话也不说,只吩咐在门口摆一张桌子,上置文房四宝,围观的人更觉稀奇,一个个屏气凝神准备看好戏。一休禅师安安稳稳坐下来,轻松自在地写起书法,不一会儿工夫就摆了一桌的楹联书画,大家看一休禅师的字写得好,争相欣赏,反而忘了今天到底来做什么。结果,禅师的字画不到一刻钟就被抢购一空,卖书画的钱堆成了小山一样高。

禅师问这位信徒说:"这些钱够还债了吗?"

信徒欢喜得连连叩首:"够了!师父您真是神通广大,一下子就变出这么多钱!"

一休禅师拂拂两袖说:"好啦!问题解决了,我也不做女婿了,还是做你的师父吧!再见!"

又有一天,一位将军下帖子请一休禅师到家里供养,禅师一向不修边幅,如同平常一般的穿着就去赴约了。守门的卫士看到他,连声怒喝:"哪里来的疯疯癫癫的和尚,走开!走开!"

禅师忙说:"你家主人请我来吃饭的,你怎么赶我走开?"

守门的卫士白眼一翻:"胡说!我家主人怎么会请你这种和尚吃饭?他今天请的是庄严伟大的一休禅师,你也不照照镜子?快走!快走!"

一休禅师被挡驾,只好回转去换了一身庄严的法服,再度来到将军府前。卫士看到一休禅师穿着那么庄严,连忙毕恭毕敬地礼请入内。开席后,禅师坐在丰盛的筵席上,将一盘盘的菜一一夹进衣服袖子里。将军心里十分惊诧,以为禅师要留藏菜肴回去吃,当着众人颇觉难堪,就低声暗示禅师:"师父,席上这么多人,不好看……等客人走了,我再多办些菜让您带回去好了……"

禅师淡淡地说:"你不是请我吃饭,是请我的衣服吃饭呀!我人到了,不能进来;要穿上这件衣服,才能进来,这不是请衣服吃饭吗?"说完,把衣服留在席上,自己穿着破烂的僧衣回去了。

当今社会上,不是也有很多人只敬衣冠不敬人,只问权势不问操守的吗?一休禅师的智慧随缘随化,无论机锋相对,或平实接众,都显现无上的智慧,更具有高瞻远瞩的功力。

有一个非常富有的信徒,请一休禅师到他家里参观他收藏的古董精品,参观之后,富翁请禅师评价一下。一休禅师说:"你这些东西都很平凡,我寺里有1万年之久的盆,5 000年之久的碗,那才是真正价值连城、无与伦比的!"

富翁一听,高兴得不得了,立刻问:"有这样的宝物啊!师父,快开个价钱,我通通买了!"

禅师想了想说:"你要真喜欢的话,我也可以割爱,只算你3 000两银子好了。"

富翁大喜过望,立刻叫家人捧出3 000两纹银奉上,说:"这银子您先收下,明天我就到寺院里取那些宝贝回来。"

隔天富翁来寺里取宝物时,一休禅师吩咐侍者:

"带这位居士到后院去,那里所有的盆子、碗啦都是他的。"

富翁喜滋滋地来到后院一看,哪有什么宝贝?只有一个猫喝水的碗,一个狗吃饭的盆。富翁面如土色,气呼呼地跟禅师理论:"一个狗盆,一个猫碗,哪里就能值3 000两银子呢?"

一休禅师大笑："岂只值3 000两？3万两以上的价格我都不肯卖呢，你如今能买到这两样宝物，还算你的福气呢！"

富翁一听，无可奈何，只得怏怏然回去，内心懊悔不已。不久，传出了富翁布施3 000两银子的盛事，一夜之间，这富翁受到众人的赞叹、崇敬，成了慈悲的象征。这时候富翁才明白：一休禅师是在教他为富不可不仁的道理，他用3 000两银子买来的，不是猫碗、狗盆，而是慈心、高义，这个大功德哪里是区区几千两银子的价值所能比拟？

一休禅师运用他的智慧去救人、教人、度人，可以起死回生，化衣冠为正见，转悭吝为布施。连日常生活中的一件衣服、一样小小的笔墨、一对肮脏的狗盆、猫碗都可以用来说法，他的大智大慧岂是我们所能衡量的？而这些大智大慧都源自佛教的诸佛菩萨，又岂是我们所能轻忽怠忘的？

四、从慈悲看佛教的奇人

佛教里有很多大慈悲者，他们看到众生受苦，就像自己受苦一样，为了救众生脱离苦境，不惜献身殉道，这种"履行仁慈，博爱济众"的精神，创造了中国佛教的许多奇人异事。

1. 金山活佛为人治病，如果病人生的是疮包，他就不嫌肮脏地用嘴巴在疮包上舔吸，舔吸出来的一大堆脓血，还往肚子里吞下去，以免病人看了恶心呕吐，这种"能为甚难稀有之事"的行为，正是使人感动流泪的慈悲精神。

2. 日本的空也和尚，有一天晚上正在打坐的时候，突然闯进来一个凶神恶煞般的强盗，提着一口寒光闪闪的钢刀，威胁空也和尚把钱财交出来,空也和尚翻箱倒箧把所有的东西都给了对方,两眼涔涔流下泪水。强盗看了泪眼滂沱的老禅师,不屑地说:"你这个和尚太没有出息了,你们出家人早已看破世间的一切,一点钱财算得了什么,值得如丧考妣般哭泣!"

"我不是为自己失去钱财而伤心落泪,而是为你而哭啊!"老禅师继续说:"你杀人劫财,种下轮转恶趣的种子,我是为你即将堕入地狱受无量的苦而忧心痛哭啊!"

佛经上说:"菩萨畏因,众生畏果。"凡夫愚痴只贪图眼前不当的享受,不顾果报的痛苦,好比看到剑上涂了一层蜂蜜,赶忙张口去舔,虽吃到了蜜,但是舌头也割破了。菩萨能以无限的智慧,洞察五欲六尘的享乐即是未来鼎镬之苦的根源,因此以无尽的悲心,方便利导众生舍弃短暂虚幻的欲乐,转而追求无上的涅槃之乐。

有一位常啼菩萨,看到众生在恶世中头出头没,饱受贫穷、老病、忧苦的煎熬,如同自己身历其境,因此常为众生悲泣不已。空也和尚的眼泪流露出多少菩萨对众生的关切,含藏多少菩萨对众生的哀矜。

3. 晋朝僧群禅师,一生淡泊名利,隐居于霍山,茅茨土阶,蔬食淡饭,安贫守道。霍山孤立大海之中,山顶上有一石盂,深有 6～7 米,清泉从中汨汨流出,芳香甘洌,如饮甘露琼浆,僧群禅师每日饮水充饥,不食粒米。从僧群禅师住的草庵到石盂之间,横梗着一条清澈的溪涧,禅师于是在溪上搭建一座木桥,每天往返汲水充饥。

有一天当禅师如往日般提着水囊,过桥去汲水的时候,忽然看到一只折断翅膀的鸭子栖息在窄小的桥上,看到禅师走来,伸长着脖子表示抗拒。禅师看到鸭子挡住了去路,本来想以锡杖赶走它,可是又担心伤及鸭子，只好提着空水囊，空腹而归。第二天去汲水，鸭子仍然站立在桥头上，昂首逍遥，毫不畏惧。禅师不得已只好忍着辘辘饥肠折回庵中，天明再去，鸭子还是不离去。如此过了数日，禅师为了怕惊吓到鸭子，连日滴水未进，终于干渴而死。

古德这种"但愿众生得离苦，不为自己求安乐"的牺牲精神，正是佛陀慈悲襟怀的高度表现。

4. 魏晋时代法进法师，智慧慈悲具足，深得朝野上下的爱戴。有一次地方流年不利闹饥荒，饿殍遍野，状极凄惨。法进法师于是斋戒净身，拿着刀、盐到饥饿人家聚集的深山石窟之中，对着面黄肌瘦的灾民传授三皈依，然后将衣钵挂于树杈上，慈祥地对大家说："今天我要将生命供养给各位，请各位割取我身上的肉聊以充饥吧！"

看到平日最为敬重的师父要舍身救自己，人人踯躅不敢动手，法进只好拿起刀子割下自己的肉，掺和着食盐，端给大家食用。灾民们耐不住饥饿的煎熬，不得已含着泪水吞下法进法师的净肉。法进法师为了救活更多的众生，不畏痛楚，且无限欢喜地奉献了自己的性命。

当初佛陀在因位修行时，也曾经割肉喂鹰、舍身饲虎，完成了难行能行、难忍能忍的菩萨道。在菩萨看来，众生与自己一体，慈济众生就是完成自己的佛道。一切佛菩萨皆因众生而发大悲心，因发大悲心而长养菩提，因此众生是我们实践菩萨道的道场，有了慈悲心，众生所加诸自己身上的一切磨难、困厄，都是醍醐甘露了。

五、从神异看佛教的奇人

佛教里的许多禅师大德,可说是奇中有奇、无奇不有,而诸般奇异,都是应机示化,为去除世人的瞋恚愚痴而神之玄之。

1. 有一位飞锡禅师,本名叫邓隐峰,为何称他为"飞锡禅师"?据说有一次,他看到两国的军队打仗,弄得老百姓民不聊生,他劝双方放下干戈不要再争战,可是刀兵无情,谁肯听一个出家人的话?不得已,邓隐峰禅师把锡杖往空中一抛,自己也随之在天空中飞舞。鏖战激烈的兵士看到半空中有个和尚飞来飞去,都啧啧称奇。不觉停手看他飞舞,看得发愣了,忘了争战打仗。从此得了"飞锡禅师"的封号。

2. 《高僧传》里,记载普化和尚的一段故事——

某天,他到处向人化缘:"我要化一件衣服,化一件衣服穿噢!"

信徒们听他这么说,这个也做一件衣服给他,那个也做一件衣服给他。他看了,却皱皱眉头两手一推说:"这个我不要!那个我不要!"

"您不是要衣服吗?现在衣服给了您,怎么又不要呢?"

信徒们摸不着头绪,普化和尚还是到处说:"我要衣服!我要衣服!"

临济禅师知道了,就送给他一口棺材,普化和尚高高兴兴地说:"我有衣服了!我有衣服了!临济禅师知道我的心,如今有衣服穿了,我可以走了!"于是,又到处传告:"各位,我明天要死了,我要在东门坐化。"

大家听了很好奇,一大早赶到东门去看热闹,果然看到他抬着一口棺材向东门走来,到了东门,他张望了一番,跟大家说:"你们这么多人看我死,真不方便,我今天不死了,明天到南门再死。"

第二天,到了南门,还是一样人山人海,他又皱起眉头:"南门这么多人,我不要死,明天到西门去死。"

隔天到了西门,人还是不少,普化和尚又抱怨:"众目睽睽之下,死得不自在,等明天去北门,没人观看的时候我才死。"

看热闹的民众再三失望,心里想:"我们给这个疯疯癫癫的和尚欺骗了,哪里有人说死就死?他跟我们开玩笑的,明天不去北门了!"

隔一天,普化和尚抬着棺材到了北门,看看四周:"好清静噢!现在不死更待何时?"说着,跳进棺材就死了。

这件消息传出去,大家争相赶来观看,一个个抱怨着:"可惜啊!没有看到他死。"

众人受好奇心驱使,想看看他死了以后究竟是什么模样,就合力把棺材打开,不料棺材里却空空如也,什么都没有,只隐隐约约听到空中传来阵阵念佛的声音……普化和尚化的缘不是衣缘,而是生死;一件衣服穿脱起来很容易,生死这件衣服,却往往是该穿的时候不肯穿,该脱的时候不肯脱。普化和尚妙想天开化缘,其实是对生死的了脱自如。

六、从精进看佛教的奇人

最后谈佛教里勤修精进的奇人。

懒融禅师是一个最好的例子,他用功的程度是我们现代人无法企及的。懒融禅师看书时,肚子饿了,就随手抓起一块番薯,一面啃一面继续读书,还吃得津津有味,旁边的弟子看到了,大吃一惊,叫道:"师父!您怎么吃石头?"

懒融一看,果然是石头,随即毫不在乎地回答:"石头也好吃,石头也好吃!"

他诵经更是专注,绵绵密密几乎诵到天女散花、溪声说法的境界,弟子们看他诵得凝神入定,连鼻涕悠悠地流下来都不知不觉,就提醒他:"师父,您的鼻涕快流到嘴里了!"

他连眼皮都不抬地说:"我没有时间为了你们这些俗人擦鼻涕。"

一叶落而知秋,我们可以从懒融禅师精进的功力,了解佛教神奇境界的一面,那不只是精神上的忘我、升华,也不只是愿力的锤炼、凝聚,更是千古身命的移情化性、脱胎换骨。

奇人也是人,他们之所以称奇,是因为具有超乎常人的忍耐、愿力、智慧、慈悲、精进等精神。如果在日常生活里,我们能常行常觉,时时洁身慎言,事事守摄本心,体现佛法中的道念正觉,则人人都可以成为佛教的现代奇人了。

1983 年 11 月讲于嘉义商职大礼堂

伟大的佛陀

我们认识了人间的佛陀,
才能慢慢认识自己心里的佛陀,
认识了心里的佛陀,
自能豁然认识法身的佛陀。

    我们做人儿女的,一定认识自己的父母。身为一个佛弟子,对佛陀能不认识吗?看到佛像就是认识了佛陀吗?当然不是。做一个佛弟子,对真正的佛陀不认识,是很遗憾的。有一首偈子:"佛在世时我沉沦,佛灭度后我出生;忏悔此身多业障,不见如来金色身。"可说是现在佛弟子共同的心情写照。

    或许有人认为佛是一位来无影、去无踪、神通广大、本领高强的神仙。或许也有人想佛陀大慈大悲,向他祈求什么就有什么,真是如此吗?我们平时看到佛陀趺坐莲台上,沉静安详,不多言语,对我们不批评,不计较,也不责备,大家都觉得他很好,于是心悦诚服地顶礼他。假如佛陀常常指示我们:"这个不可以"、"那个不是这样",可能大家就不会喜欢佛陀了。以下列举的十个问题可以帮助我们认识佛陀的本来面目。

一、佛陀会生气吗？

凡人很容易生气,佛陀是不是也会生气呢？佛陀当然会生气,只是佛陀的生气,跟一般人的生气不一样。我们生气,是因为别人欺负我,阻碍我,为了保卫自己,所以会生气。佛陀不是,我们对佛陀不好,佛陀不会计较,但是我们对待别人不好,佛陀就会生气了。

有一次,佛陀带领一群比丘弟子出外弘法,弟子中有性情急躁的,也有迟缓的。到达休息处所,急性的弟子抢先把床位占用了,还说道:"这是我的!""那是我的!"所有的床位都被占满了,首座弟子舍利弗尊者没有地方睡,只好在屋外经行。佛陀看见便上前垂询:"舍利弗,这么晚不睡觉,在庭院走来走去做什么呢？"舍利弗尊者据实回答:"人多,床位少,初学比丘都想找个床位休息,我就让他们。"佛陀听后非常生气,连夜集合大众,开示对于长老应有的尊敬。

今天社会秩序混乱,长幼伦理脱节,就是因为不尊敬长辈的关系。过去,父母教训儿女:"你们怎么不听爸爸、妈妈的话？"现在,儿女对父母抱怨:"爸爸、妈妈,你们怎么不听我的话？"甚至年幼的小孩子跟父母要东西时都会耍赖:"你们如果不买给我,我就不替你们念书了!"过去,老师教导学生,学生一定虚心接受,现在的学生,却时兴批评老师:"某某老师不好,每次我建议什么事情,他都不听。"过去,老板指导员工事情如何如何做,现在的员工反过来要求老板:"薪水应该提高到……才足够家用。"过去,在军队里是长官命令,部下遵循,现在的部下可以开会公然批评长官。上下没有标准,社会的伦理不能维持,社会秩序自然会混乱。

对于只知谋一己之利,漠视他人的辛苦、困难之类的事情,佛陀是会生气的;即使是童心戏言,只要侵犯到他人,佛陀也会生气。例如罗睺罗是佛陀出家前的孩子,他小小年纪跟佛陀出家了,因为年纪小,比较顽皮,爱说一些不当的话,曾有人遇到罗睺罗,问他:"你知道佛陀在哪里吗?"佛陀本来在左边房子里,他偏偏指着右边告诉对方:"那边,那边。"等到对方扑了空折返,罗睺罗就很开心。佛陀知道后,把罗睺罗找来,罗睺罗一看到佛陀严肃的样子,不敢讲什么话,默默端了一盆水给佛陀洗脚,好让佛陀能赶快去登座说法。佛陀洗过脚后,却吩咐罗睺罗:"把这盆水喝下去。"

罗睺罗一听,惊讶地回答说:"佛陀,洗过脚的水很脏,是不能喝的呀!"

佛陀对他开示:"你说谎妄语,你的嘴就像盆里的污水一样脏,人家也不要你的。"

罗睺罗将水倒掉后,佛陀又说道:"你将这个木盆拿去盛饭吃。"

罗睺罗显得很为难,说道:"佛陀,洗过脚的木盆很脏,不能把饭菜装到里面去呀!"

佛陀又责备道:"你的嘴时常说谎骗人,就像这肮脏的木盆一样,好的东西永远也装不进去。"说完话,佛陀一脚朝这盆子踢过去,盆子咚咚地滚了好远,罗睺罗吓了一跳。佛陀问道:"你怕我把木盆踢坏吗?"

罗睺罗回答:"不是的,木盆不值钱,踢坏了可以再买一个,没关系的!"

佛陀再一次呵斥道:"说谎的孩子,就像这坏盆子一样不值钱,踢坏了也不可惜。"

从这段故事,我们可以知道:佛陀无私无我,但对说谎欺骗别人的事,佛陀是会生气的。佛陀教导罗睺罗的方式,正是天下父母对孩子"爱之深,责之切"的寄望。佛陀的生气,是从慈悲心出发,而不是从瞋恨心出发,佛心和天下父母心是一样的。

二、佛陀会悲伤流泪吗?

佛陀有伤心的时候,也有流泪的时候。

曾经,有一个外道魔王对佛陀说道:"我们不喜欢你的佛法流行,我们要跟你斗争到底!"

佛陀一点也不介意道:"你怎样来破坏,我都不怕。"

"我们到处批评你、诽谤你!"

佛陀平淡地说道:"不怕。"

"我们用刀枪、棍棒打击你!"

"刀枪、棍棒,我也不怕。"

魔王一听,心想,他这也不怕,那也不怕,再说道:"那我们做你的弟子,穿你的袈裟,吃你的饭,却不行你的道,你讲戒定慧,我们就行贪瞋痴,一切作为都和你的佛法相反,用这样的方法来破坏你。"

佛陀听到这里,不禁流下伤心的眼泪,悯念末法众生将面临的灾难,佛陀终于哭了。

这叫"狮子身上虫,还吃狮子肉",现今社会,有很多人打着佛教的旗帜,穿袈裟,做佛子,却败坏佛门清誉,佛陀怎会不伤心呢?一个家庭中出了不肖子孙,家庭会衰败;一个统理天下的国王、宰相，如果家有悍妻，任凭你天大的权威，也无可奈何。对于不受教的儿女，父母会伤心悲哀，同样的，对于不肖的弟子，佛陀也是会伤心流泪的。

僧团里，有一种办法对治这类人，就是默默摈置，不理睬他，这是消极的对治办法；但是，对于僧团以外的人，就很难有约束力了。所以，在一个家庭里，对儿女的教育要多加强；佛门也一样，必须致力法制组织与教育制度，才是净化僧团之道。

三、佛陀有没有欢喜的时候？

佛陀都是生活在欢喜里。佛陀的生活可分为两种：一种是自受用的生活，一种是他受用的生活。

简单地说，我们每天有多少钱，可供自己衣食住行，叫做自受用；每天有多少钱布施给别人，救苦救难，叫做他受用。佛陀自受用的是他的真理法喜，以及从禅定中得到的定静禅悦。佛陀的他受用，是他说法给你欢喜，以慈悲庄严给你欢喜；佛陀所有一切与众生结缘的，都叫他受用。我们每一个学佛的人，要懂得把握佛法，了解哪些是自受用？哪些是他受用？譬如礼佛、诵经、打坐、忍辱、精进、持戒……是自受用的生活；每天讲好话给人欢喜，做好事帮助别人，解决别人的苦难，多行慈悲，多行布施，时时广结人缘，让大家快乐，是他受用的佛法。《金刚经》所说的"如来善护念诸菩萨，善咐嘱诸菩萨"，也就是佛陀自受用和他受用的生活写照。

佛教中，每年的农历七月十五日是盂兰盆会，也叫"僧自恣日"；这一天佛陀特别欢喜，所以又称"佛欢喜日"。为什么七月十五日特别欢喜呢？原来在僧团中，诸比丘每年从四月十五日起结夏安居,到七月十五日这一天算是一段修行圆满,信徒借此因缘供养僧众,这份供养的功德,让信徒的历代祖先,也能仰仗比丘们的修行而受福,可说是"人天普度",所以佛陀非常欢喜。

佛法是提倡欢喜快乐的,我们每天都应当培养喜悦的性格。有的人经常沉着脸,一副忧愁的样子,日日如此,一生都如此,时时都在忧愁、苦恼、烦闷中过日子,实在好可惜。偈云:"面上无瞋是供养,口里无瞋出妙香;心中无瞋无价宝,不断不灭是真常。"如果我们能学习凡事忍之于口,不形于色,甚至不只将怒气不形于色,更能不起于心;那么心上无争,脸上自然能安详愉悦,诸事也都吉祥如意了。

我们没有什么东西布施给别人不要紧,最要紧的是把欢喜布满人间。人世间的烦恼虽繁,但至少不要把白天的烦恼和忧愁带到床上,晚上睡觉安安稳稳地睡;也不要把悲伤、苦闷带到饭桌上,吃饭的时候,欢欢喜喜地吃。伤心难过也不要带到明天,更不要挂在脸上,让别人看到,影响别人。我们不妨订个家庭合约,父母、兄弟姐妹见面的时候要互相欢喜,不欢喜就不要见面。

像我的学生徒众不少,但他们快乐的时候,很少来找我,等到他们烦恼苦闷、痛苦流泪的时候才来找我,我常笑着问他们:"每次见到你们,我都是欢喜的,天天把欢喜的话讲给你们听,你为什么只把烦恼忧愁抛给我呢?每天看到你们忧愁满面,眼泪鼻涕的,我也受不了,以后欢喜的时候来找我,烦恼的时候不要来找我,好不好?"

有些人很悭吝,一句好话都不肯说,所以我经常提倡"见面三句话",就是人和人见了面要讲:"你好啊!""天气很好啊!""大家好!"见面要对人说上三句好话,让人从你的话中感到欢喜受用。

除了"见面三句话",还要"吵架一回合"。比方说:太太煮饭,煮得很辛苦,摆到桌上,叫先生:"喂!来吃饭了。"

先生不耐烦应道:"好啦!好啦!等一下!"

这个时候,一回合就该停止了,假如太太不停,再来一回合:"好啦,好啦,叫你好几次,你都是'好啦,好啦',你到底要我叫几遍,你才要吃啊!"

先生更不耐烦的责问道:"你难道没看到我在忙吗?"

太太当然也有话说:"忙!忙!你一天到晚都忙,你不知道我也忙吗?"

就这样第二回合、第三回合吵下去,夫妻大战就爆发了。所以记住吵架一回合,武林高手过招,一回合就要分胜败,老是打烂仗,怎么能休止呢?怎么能欢欢喜喜生活呢?

我们要学习佛陀给人欢喜,佛光山就是秉持佛陀的精神,订定"给人信心、给人欢喜、给人希望、给人方便"四大工作信条。

四、佛陀在生活中有没有享受的一面呢?

每一个人都希望生活享受好一点。听讲经,有的希望能有好位置,坐得舒服一点,或者希望装个冷气,铺个地毯……这是生活上的享受。为什么人人都想追求功名富贵?也无非是要求改善生活,希望在生活里能多一些享受。其实功名富贵是享受吗?这也不尽然。它常常带给人们烦恼;从感官上去追求的享受,实在很有限。眼睛要看很好看的东西,耳朵要听很好听的声音,身上要穿很柔软的衣裳,但是,当这些感官上的享受一过去,会让人觉得空虚、寂寞,如同盛席华筵散场之后,必定留下满地的杯盘狼籍。世间功名富贵的享受,往往要付出很大的代价,当人受到外境的声色驱使,内心是得不到安宁的;如果能不看、不听,也就没有什么外境能束缚我们了,内心的法喜若能源源不竭,才算是长久的享受。

佛陀有一位弟子叫跋提王子,有一次,他跟比丘们一起修道打坐,忽然间叫了起来:"快乐啊! 快乐啊!"正巧佛陀经过那里,就问:"什么人喊快乐啊? 什么事情快乐呢? 为什么喊快乐呢?"跋提回答说:"过去我在皇宫里面,有很多护卫保护,却仍害怕人家陷害我、行刺我;在皇宫里,虽然吃得好、睡得好,但仍然食不知味、睡不甜蜜,实在没有意思! 现在,我出家了,在山林里面修行,解脱了束缚,我什么也不怕,连托钵得到的青菜、萝卜吃起来都很美味。在这里打坐,只觉得心里干干净净的,无忧也无虑,修道真是太快乐了,我就忍不住叫出来了!"这不也是一种享受吗?

佛陀享受的快乐是什么呢? 是涅槃之乐。涅槃的快乐有四个特性,就是"常、乐、我、净"。佛陀感觉生命的久长,他会快乐;感觉生命里有一种自然的喜悦,他会快乐;感觉生命的存在,他会快乐;感觉生命的单纯清净,更是快乐。许多人忙得忘记自我,失去了自己,当然就没有快乐了。涅槃里有清净的快乐,如果懂得佛法,在生活里要求这种快乐的事,实在很多也很容易。

我们平常讲"助人为快乐之本"、"知足常乐"、"能忍自安",知足里有快乐,惭愧里有快乐,对人生起恭敬心,也会有快乐;有信仰的人有快乐,安详寂静也会快乐。我们不要从感官上去找快乐,快乐的泉源在自己的心里,找到心就可以享受到快乐。念佛,念佛里有快乐;打坐,打坐里有快乐;礼拜,礼拜里有快乐。有时候,打坐到心里没有任何念头,没有任何欲求,只想永远禅定在这片轻安法喜中,这不就是享受快乐吗?更积极一点,布施急困,修桥铺路也是快乐。跟人广结善缘,自然就会得到助缘,就会享受到快乐。

过去的佛教,一般都以为吃苦才是修行,这是错误的,佛教本是幸福之教、快乐之教,它不是要你来吃苦的。所以讲"苦",只为说明人间实相本来是苦的;"苦"只是获得快乐必经的某些过程,如同蝴蝶必须破茧才能飞翔,树干必须刨锯才能成材。我们学佛的人,必须从苦海里渡越。你骂我,批评我,诽谤我,我可以从中享受到快乐;面对一切的灾难屈辱,都能甘之如饴,我们不但不生气,反而要感谢对方,给我们一个消灾、消业的机缘呢!我们要像佛陀一样,享受清净的涅槃乐。辛苦赚的钱,被人倒闭坏账了,如果没有佛法,会难过生气,如果有佛法,"嘿!感谢你,我欠你的债还清了!"无债也无挂碍,为什么不高兴呢!

世间上,好事固然令人快乐,就是一些不如意的、负面的事,如果我们懂得佛法的"随其心净,则国土净",就可以用清净的心来转变世间;烦恼都是菩提,烦恼都是快乐。譬如当爸爸、妈妈管教太严苛了,不要烦恼,应想到:"还好,有这么严格管教的爸爸、妈妈,让我不做坏事。"婆婆天天啰唆地唠叨,做她的媳妇好难哦!要想到:"还好,有这么一个婆婆在,让我凡事小心谨慎,以后还可以去竞选模范媳妇呢!"

世间上任何一个境界,只要你的心转一转,哪一个地方没有快乐?

五、佛陀有感情吗?

佛弟子常常将佛陀神化,认为佛陀跟人不一样;感情是污染、烦恼的,佛陀应该没有感情。事实上,佛陀很有感情!佛陀的感情是对一切众生都施予平等之爱,他的感情就是慈悲,所谓"无缘大慈,同体大悲"。爱之上是慈悲,慈悲之上是"无缘大慈,同体大悲";佛陀的爱,佛陀的感情,是很难用凡夫心去衡量的。

什么叫作"无缘大慈"?我们的慈悲是有限的。若是自己的同乡、同学、同门、亲戚,因为彼此关系近,有因缘,会给对方一些慈心,这是有缘的慈爱;佛陀提倡的是无缘大慈,予人快乐,不一定要有关系。譬如我们彼此不认识、素昧平生,不过,你现在有了困难,需要我的帮忙,我无条件协助,这就是无缘大慈。

什么叫"同体大悲"?和我们有关系、有因缘的人,我们会感同身受他的痛苦,而尽力为其拔除。但是对于没有关系的人,我们就不一定会伸出援手了。可是,佛陀的大悲不是这样的。比方说:我的手烂了,长了烂疮烂肉,好臭哦!不过我会好好地保护它、好好洗涤、好好敷药,不会嫌弃它,因为这是我的手、我的身体,我当然要爱护。对于一切众生,哪怕是陌生人,都认为"他跟我有关系,他就像是我肢体的一部分",这种视人如己的悲心,就叫同体大悲。

学习"无缘大慈,同体大悲",可以先观想把彼此立场调换一下,假如我是你,推己及人,"无缘大慈,同体大悲"的心就容易生起。再举一个例子,有的人很喜欢抓香港脚,抓过后还往鼻孔上嗅一嗅,这是为什么呢?因为是我自己的,臭也变成香了。所以,如果我们能把众生都当成是我的,又怎会嫌弃他呢?

佛陀曾到忉利天为母亲说法,为父亲抬棺,能说他没有感情吗?佛陀对感情表达的方法非常清净,非常圣洁,是不着痕迹的感情。例如佛陀成道后第二年,回到故乡,跟父王、诸兄弟们谈话,曾做过他王妃的耶输陀罗,也急着想见见从前的丈夫,她等得非常焦急,心想:他怎么还不来看我呢?好不容易,佛陀来了,耶输陀罗又想他来的时候,一定要好好地骂一骂这个忘恩负义的薄情人。但是,一见到佛陀那种慈悲庄严的样子,耶输陀罗不禁跪了下来。佛陀又如何面对耶输陀罗呢?他对耶输陀罗说道:"耶输陀罗,对你,我是很抱歉的,但是请为我欢喜,我对得起一切众生,我成就了佛道,我是佛陀了。"这些话既安慰了耶输陀罗的情绪,又表达出一位觉悟者的立场。我们一般人恐怕很难做到像这样慈悲和智慧两全的境地。

我曾有几十年没见过我的母亲,当时我很希望能把她接到日本见一面,终于,有一个因缘,在日本成田机场会面,因为几十年没见面,远远地,我心里想着,这是不是母亲呢?当她靠近我的时候,好似要大哭一场的样子,毕竟是分别几十年的母子相会啊!但是,当时的情况不同,我立刻跟她说:"这里不可哭,跟我来。"那是飞机场,不能哭。那时我仿佛看到母亲正要落下来的眼泪,马上又收回去了。我的意思是要哭,也要到房子里面才哭,不管什么样的情感,最重要的,不要让它成为一种情绪,自己要能驾驭,要能控制,才不会一发而不可收拾。

佛陀也曾为生病的弟子拿茶、拿水,为年老的弟子穿针引线、缝制衣服……佛陀是有感情的,那种纯真的感情,佛教称为"慈悲"。

六、佛陀会不会说谎呢?

佛陀会说谎吗?这是很严重的问题。五戒里的杀、盗、淫、妄、酒是根本大戒,说谎就是妄语,怎么可以呢?但是,佛法是活的,用贪瞋愚痴所犯下的杀、盗、淫、妄、酒就是犯了根本大戒;如果因慈悲心而犯杀、盗、淫、妄、酒,有时候却是菩萨道的另一种看法。

比方说一个恶人拿了刀枪要去杀人害人,怎么办呢?眼睁睁看这个坏人去杀死那么多的好人吗?为了救那些好人,只得以慈悲心先把坏人杀了,这跟以瞋恨心杀人又不一样了。你要持刀枪去杀人、拿毒药去害人,我知道了,先替你把刀枪、毒药收藏起来,你能说我偷盗不该藏它,好让你去杀人吗?佛陀在这种情况下,就有方便智慧作另一种特殊处理。

佛陀有一次在林间打坐,有个猎人射中了一只兔子,这只兔子逃到佛陀的袈裟下面,猎人一路追来,问佛陀说:"你看到我的兔子吗?"

佛陀当然看到了,不过佛陀却说:"没有!"

这是不是说谎呢?

"你一定把它藏起来了,那只兔子是我的晚餐,请你把它还给我!"

"哦,只是一顿晚餐啊!"

佛陀取出随身的戒刀,问猎人道:"若我把膀子割下来,能够相抵一只兔子吗?我这只手臂就给你当晚餐吧。"

为了救度众生,方便妄语的后面,有着大无畏的慈悲,这已经不是一般的妄语说谎了。这是如《金刚经》所云:"如来是真语者,实语者,如语者,不诳语者,不异语者。"

佛陀在因地修行时,有一次在路上行走,遇到一个坏人想谋杀500名路过的商旅,以便窃取财物,佛陀知道后,毫不犹豫地把坏人给杀了;在佛陀的想法,宁可让自己因杀而受业报,也不能让500人无缘无故而丧命。佛陀也会说谎骗人,但是,佛陀是以是非、善恶、轻重的观念为出发点。

七、佛陀有没有工作呢?

有一次,佛陀到天臂城托钵,这个国家的国王叫善觉大王,是佛陀未出家前的岳父。善觉大王看到佛陀,很生气地说:"你这个人不要国家、不要妻子,天天游手好闲,你对世间没有什么用,你不做工作,不事生产,我不准许你在我的国家托钵!"佛陀回答:"善觉大王,你说错了,我每天用慈悲的犁,耕种众生的福田,播撒菩提的种子,我每天都这样不停地忙着,怎么说我没做事呢?"所以,从佛陀起,所有的宗教师——佛陀的弟子,僧团的比丘、比丘尼,只要他每天能精进地修行办道,用慈悲德行来改善社会、净化风气,不就是工作了吗?

曾经,波斯匿王要对跋耆国用兵,佛陀用方便善巧之法,使战争不致发生;迦毗罗卫国遇到琉璃王侵略时,佛陀发起保护迦毗罗卫国运动;佛陀帮助须达长者,教育他不孝顺的媳妇玉耶女,使其家庭和谐;佛陀帮助摩登伽女改邪归正;感化指鬘外道不可杀人……佛陀使千千万万人得度,更使千千万万人启开智慧之门,认识自己,他的工作是多么的重要而神圣!

八、佛陀有灾难吗?

我们众生在世间上是多灾多难的。佛陀有没有灾难呢?既然佛陀示现于人间,在世间法里,没有人会没有灾难降身的。如老病死苦,世间上谁能免除呢?佛陀曾经受过十次灾难,从开始修行苦行,每天仅食一麻一麦,就是个灾难。

又如提婆达多曾派人行刺佛陀,从山上把大石头推滚下来,想把佛陀压死;又以醉象冲撞佛陀,佛陀当然不会被他们伤害,但这也是一种灾难。有一次,提婆达多带许多人来和佛陀对抗,弟子知道了,也纷纷准备棍棒之类要保护佛陀,佛陀闻知,笑着对阿难说:"成了佛陀的人,还需用棍棒来保护吗?"

三迦叶最初未皈依佛陀前,曾用毒蛇加害佛陀,但是,毒蛇看到佛陀就不动了;指鬘鸯伽摩罗来行刺佛陀,见到佛陀时,不由得放下刀剑,跪在佛陀面前求忏悔。

灾难并不是没有,佛陀自有威德降伏魔难,不必用棍棒来保护自己。在《佛说兴起行经》里记载曾有的十次大灾难。即:

1. 孙陀利谤佛难。
2. 佛患头痛难。
3. 佛患骨节疼痛难。
4. 佛患背痛难。
5. 佛被木枪刺脚难。
6. 佛被掷石出血难。
7. 佛被战遮女系盆毁谤难。
8. 佛食马麦难。
9. 佛受苦行难。
10. 奢弥跋谤佛难。

这十缘的灾难,都是往昔生中,佛陀未受完的业报,佛陀说此因缘,主要是告诉我们:即使成佛,众恶皆尽,万善普遍,但残余业因未了，亦必须偿还宿报，受此灾难。但这一切对一个伟大的圣者并没有影响，因为风雨过后，更能见出万里晴空。

九、佛陀被人诽谤过吗？

这是必然的，就是现在也还有。一个伟大的人物，在信仰他的人面前，他是神、是圣、是佛祖；在不信他的人面前，他是魔鬼、是罪恶、是坏人。基督徒怎么看佛祖呢？他们说是偶像，我们教徒说是佛陀。基督徒在佛教徒心中又是什么呢？是外道异教徒，但基督徒都说："耶稣基督是我们的救世主。"一个伟大的圣人，在信他与不信他之间就有这么大的差别。因此，在不信者当中，诽谤是难免的。

佛陀住世时的印度社会，有人在僧团里出家，佛陀就会受到批评："他把我们的儿女骗去出家了。""把我的丈夫（妻子）骗去出家了，拆散我们的家庭。""不顾人家的家庭、父母、妻子、儿女，这个佛陀有什么好？"……这样的批评是在所难免的，因为佛教普及，外道的徒众越来越少，佛教的徒众越来越多，外道心里当然不好受。

在佛陀时代就曾发生这种事：外道收买了一个婆罗门女战遮，在讲堂里面，挺着大肚子站起来，大声诬蔑佛陀道："释迦呀，你讲经说法，倒讲得非常好听，但你在我肚子里留下的孩子，该怎么办呢？"哦！佛陀竟然使女人怀孕了！听经的人一阵骚动，佛陀一句话也没说，在座的天神释提桓因，明了怎么回事，他运用神通，化作一只老鼠，把她肚子上绑木盆的绳子弄断，"咚"地一声，木盆掉下来，佛陀依然一句话也没说，继续讲他的经、说他的法。佛陀一生当中，说法49年，讲经300余会，为众生担负了多少的苦难、多少的诽谤；但是，他带给众生的却是无限的法喜、无限的真理。有时候想想，我们众生真是对不起佛陀。不过，这个世界没有黑暗，哪来光明？没有丑恶，哪来真善美？没有污泥，哪能长得出净莲呢？

十、佛陀会不会有无奈的时候呢？

一般人总以为：佛陀一定神通广大，法力无边，想做什么就能做什么。其实，佛陀也有无奈的时候。有一个坏人叫干达多，一生作恶多端，唯一做过的一件好事，就是有一次，他走路时看到一只蜘蛛，本来要一脚踏到蜘蛛身上，这一脚踏下去，蜘蛛就死了，他当时一念之善，赶紧把脚缩回来，跨远一点，救了蜘蛛一命。

后来，干达多死后堕到地狱去，这蜘蛛有心报恩，佛陀想满蜘蛛的愿，把蜘蛛丝放到地狱里去救干达多。所有地狱里受苦的众生，见到这条蜘蛛丝，都争先恐后地跟随在干达多的后面，攀着它奋力往上爬，好离开地狱。但是，干达多瞋恨心生起，"这么细小的蜘蛛丝怎么负担得了众人的重量？万一蜘蛛丝折断了，我不就万劫不复，永无解脱之期了吗？"于是用力踩踢尾随而上的众人："走开！这是我的蜘蛛丝，只有我可以攀上去，你们走开！走开！"由于用力过猛，蜘蛛丝断了，干达多和所有的人又掉落下去，佛陀十分慨叹："唉，众生自私，真是没有办法啊！"由于人类自私、瞋恨，一点利益都不肯给别人沾光，不予人慈悲，不和人结缘，佛陀就是想救我们，也无可奈何啊！

有一个年轻人去爬山，半途不小心滑落山崖，幸好被半山腰的一条树藤绊住，没有继续往下掉，但是，往下看是万丈深坑，往上看是绝顶崖壁。他恐惧地喊叫："佛陀啊！佛陀啊！救救我啊！"

佛陀真的来救他了,佛陀对他说:"年轻人,我可以救你,就怕你不听我的话。"

年轻人说道:"这个时候,我怎么会不听你的话呢?"

佛陀说:"真的吗?我说什么,你都听吗?你都依教奉行吗?"

年轻人百依百顺地说:"佛陀!依教奉行!我一定依教奉行!"

佛陀即刻认真地说道:"那好,现在你把两手放开来。"

"吓!"年轻人大吃一惊:"你要我放手?这一放,我岂不摔得粉身碎骨了吗?"

佛陀慨叹:"你不放手,放不下,我怎么能救你呢?"

所以,这个世间,谁能得救,谁不能得救,就在你是不是看得破,想得开,还有是不是真能提得起,放得下。我们要佛陀救我们,也要肯放下一些世俗的束缚,才能进入佛陀解脱的境界。

人间佛教必须把佛陀人间化,我们要从人间佛陀的信仰上,建立一个真实的信仰,然后慢慢地升华,再来认识般若的法身、真理的佛陀;好比一个人从小学、中学读上去,才能念大学。佛陀的功行广大无边,不是一想可知,也不是一眼可以望尽的,当然更需要一步一步地去认识。我们认识了人间的佛陀,才能慢慢认识自己心里的佛陀。认识了心里的佛陀,自能豁然认识法身的佛陀。

1989 年 1 月 13 日讲于基隆极乐寺

佛陀的样子

在觉悟的圣者眼中,
无一不是佛陀的真身,
无处不是佛陀的真身。

佛陀涅槃已经两千多年,生在末法时代的我们,不能瞻礼到佛陀的真身金容,每念及此,不禁想到古人说的:

佛在世时我沉沦,佛灭度后我出生;

忏悔此身多业障,不见如来金色身。

自从佛陀应身的金容涅槃以后,我们只能瞻礼到佛陀的圣像,那么佛陀究竟长得什么样子呢?

一、佛陀的圣像

(一) 圣像的种类

佛陀庄严的相貌,慈悲的金容,初学者只有从圣像上才能稍有认识。佛陀圣像的种类很多,有用木石雕刻的,有用金属铸造的,有用绢纸画印的。圣像之中,有的是坐着,有的是立着,甚至还有卧着的。无论是木石雕刻、金属铸造、绢纸画印,或是坐着、立着、卧着的,总是表现佛陀的慈悲庄严、崇高伟大,令人一见就会生起仰慕之念。

佛陀的圣像,每一种式样,都含有它深刻的意义,象征着佛陀的一份精神,一份圣格。

佛陀坐着的圣像,有的是结跏趺坐,宛如禅定;有的是左手放在盘着的腿上,右手高举,以掌心向外,这是说法的样子。前者是表征佛陀的自觉,后者是表征佛陀的觉他。自觉的意思是佛陀之所以成为佛陀,必须经过相当的修持,思维观照,深入禅定,方能识得自己;觉他的意思是,佛陀从体起用,以真理普利众生,用甘露法水,净化人群。

佛陀立着的圣像,有的垂手站立,是为接引众生;有的开步行走,是忙于教化。见到佛陀伸出慈悲之手接引众生,在苦海漂泊的人,怎能不诚恳地皈投到佛陀的怀抱?忙于教化,正显出佛陀对他体证的宇宙人生真理,充满无限的热情;虽然已是功行圆满,也要用真理不休息地为众生服务。

佛陀卧着的圣像,只有吉祥卧的涅槃像一种。涅槃,是福慧圆满,到达不生不灭的境界。佛陀的涅槃像,是由动归于静的意思。佛陀住世时,说法、行化,是由静生动,动有休止的时候,静则是无穷的悠长。佛陀的生命,参入天地之至奥,流入无终的时间之流中,故说由动归静。佛陀的圣像中,有示现涅槃的一种,表示佛陀将永远活在我们心中,与日月并光,与天地同长。

(二) 雕像之始

佛陀的雕像始于什么时候?在《增一阿含经》第二十八卷和《大唐西域记》第五卷均有详明的记载:

有一年夏安居的时候,僧团中不见佛陀,大家都不知道佛陀到哪里去了？天眼第一的阿那律尊者以天眼观之,告诉大家：佛陀上升忉利天宫为圣母摩耶夫人说法。

佛陀为什么到天宫说法？（1）是为了报答圣母养育之恩。（2）因为佛陀常在身边,世间有些人不乐闻佛法。（3）因为教团多争,佛陀离开一下,使好争者能够幡然悔悟。

大众知道佛陀到忉利天后,最想念思慕的莫过于拔蹉国的优填王。优填王受王妃的感化皈依佛陀之后,就对佛陀生起无比的恭敬供养之心。现在听说佛陀上升天宫,多日不见,他竟因思念之切而生起病来。

优填王病后,大臣们建议优填王请有名工匠来雕刻佛陀的圣像,以便朝夕瞻仰礼拜。优填王大喜,立刻商请神通第一的目犍连尊者,以神通力接工匠上达天宫,亲观佛陀的金容妙相,雕刻五尺高的牛耳旃檀圣像。目犍连尊者接送工匠往返三次,旃檀圣像方才雕刻完成。优填王因此病愈,其欢喜自不用说。

佛陀在忉利天宫说法约三个月。三个月之后,佛陀重返人间,旃檀圣像竟起立迎接佛陀,佛陀微笑着对圣像安慰道："你教化辛劳了！末世的众生还要靠你开导。"

由此看来,雕刻圣像,并不在佛陀涅槃以后,佛陀住世时,就已经开始雕刻圣像供奉了。雕刻的旃檀圣像,起立迎接佛陀,这表征无论是佛陀的金身,或是佛陀的圣像,都是生动地活在人间。

(三) 铸像之始

佛陀的铸像始于什么时候？在《增一阿含经》第二十八卷以及

《根本说一切有部尼陀那》中,各有记载:

第一、憍萨弥罗国的波斯匿王听到优填王用旃檀雕刻佛陀圣像,为了对佛陀的崇敬,也为了好胜之心,乃以紫磨黄金铸造圣像,高也是五尺,此即是最早的佛陀铸像。

第二、有一次佛陀在祇园精舍说法之后,给孤独长者上前顶礼佛足,禀白道:"佛陀,您圣驾驻锡教团时,这里的生活庄严、威仪,且肃静如法。有时佛陀到别处去弘化,这里没有佛陀做中心,在秩序上有所欠缺,大家的心灵上也有空虚寂寞之感。恳求佛陀允许让我们铸造圣像,当佛陀去他方时,我们可以瞻仰,见圣像如见佛陀,这样应能维系教团的清净,佛陀的威德之光也能永远普照着我们。"

佛陀听后,慈悲的允许给孤独长者的请求。

"佛陀,在铸造的圣像之旁,我们要安插幡盖,供养香花,也希望佛陀允许。"给孤独长者进一步的要求。

"随各人的心意吧!"佛陀回答。

从上面两段经文看来,佛陀住世的时候,就有很多国王、大臣、长者、居士等,发心铸造圣像供人瞻仰了。铸造的紫磨金像,供奉在教团共修的道场中央,像一盏明灯,照亮信者的心灵。

(四)画像之始

《大唐内典录》中有一段记载:我国汉朝时秦景奉旨回月支国途中,看见优填王造的旃檀雕像,于是请画师照样画了一张,后来带至洛阳,皇帝见了,敕命在西阳城门和显节陵上供养,从此素丹流传,以至于今。

另在《行事钞》中记载说：当初佛陀的诸大弟子，恐后世造像，无所表彰，所以请目犍连尊者引导工匠上天取图，如是来往三次，才完成逼真的旃檀雕刻圣像。汉朝以后，中国僧伽纷纷前往印度留学，回国时，都想把旃檀圣像请回中国供养，那时印度诸王对此圣像，皆恭敬保护，不准圣像出境。但佛法流通，一定要有所表征，诸王就叫画工依照旃檀圣像描画，今日所传的画像，即是由此而来。

依此说法，佛陀画像应始于佛陀涅槃几百年之后，但在《阿含经》中记载，佛陀涅槃时，大迦叶尊者担心摩竭陀国的阿阇世王知道这个消息，会过度悲哀，发生意外，因此和雨舍大臣商量，恭画佛陀圣像，以解王哀。这大概是最早的画像吧！

不过近年来发现，英国皇家博物馆中保存了很多佛陀的画像，其中有一尊画像，被当作国宝珍藏着，那幅画像据说是佛陀41岁的时候，弟子富楼那尊者所手绘的画像，文色原本至今依然历历在目。日本永平寺的住持北野，曾摄影带回日本，此像目前在台湾各地也有流传。

如此看来，佛陀的画像又更早了，甚至比雕像、铸像还要早几年呢。对于佛陀的画像，《瑜伽法仪轨》上说："所画的布绢大小随意，于莲华台上结跏趺坐，两手脐下如入禅定。"因为画像方便，信众家中皆可供奉，佛光能够普照家家户户，画像者具有无量的功德。

（五）顶礼圣像

佛陀的圣像，是木石雕刻的，是布纸描画的，有人说这是偶像。

有些基督教的传教师，也批评佛教这种对木石、金属、布纸的偶像崇拜。

事实上，人是不能离开崇拜观念的。全世界的人都向他们国家的国旗敬礼，国旗不是纸就是布的，为什么要向纸和布敬礼呢？要知道制成了国旗的纸和布，它在国民心中，已经不是纸和布，而是代表国家的象征了。基督徒向十字架祈祷，十字架上还钉着耶稣，十字架、耶稣，不也是木制、铁制、纸画的吗？基督徒们为什么要向木、铁、纸张跪下来祈祷呢？一块布，做成帽子可戴在头上，做成鞋子就穿在脚下，布是没有贵贱的，做成的东西才有贵贱之分；一张纸印成父母的像，我们对这张纸像就会好好地恭敬收藏，若是印成连环图画，随便怎么抛弃，也不觉心中不安。纸没有贵贱，只是我们心上生起分别而有贵贱。金属或化学原料所制成的圣贤之像，会高高地供奉起来，若是制成儿童玩具，如不倒翁，放在地上踢他几脚，取笑他也不要紧。一切物质都是一样，做成什么就是什么，佛陀的圣像是金属、木石、布纸所做成的，但在我们的心中那已不是金属、木石、布纸了，他是大智大觉的佛陀圣像！

从事相上来说，我们修行应该有目标，偶像可以启发我们的信心，帮助我们的修持，当我们瞻仰佛陀慈悲的圣像，心中顿息贪瞋的妄念；当我们礼拜佛陀庄严的相好，行为自然端正不敢放逸。"精诚所至，金石为开"，我们对圣像恭敬顶礼就会有所感应。

从法性上来说，真正没有偶像观念的是佛教徒而不是基督徒。

有一次，丹霞天然禅师在一所寺院挂单，时值严冬，天气寒冷，大雪纷飞，丹霞便将佛殿上的佛像取下来烤火取暖，寺中纠察师一见，大声怒斥道："该死！怎么将佛像拿来烤火？"

"我不是烤火,我是在烧取舍利。"丹霞禅师从容不迫地回答。

"胡说!木头佛像哪有舍利?"纠察师仍是大声怒吼。

"既是木头,何妨多拿些来烤火。"丹霞禅师仍从容地取佛像投入火中。

丹霞禅师觉悟了"心佛众生,三无差别"的道理,他才是佛教真正的弟子,才是认识了佛陀的圣者。没有觉悟的时候,要恭敬圣像,觉悟了以后,心外无佛,可以说圣像就在自己心中。唐宣宗未登基前做小沙弥的时候,他见到黄檗希运禅师在佛殿中央拜佛,他站在身后聚精会神地看着,忽然想起希运禅师常说的话,竟模仿说道:"你常说不着佛求,不着法求,不着僧求,你现在礼拜又是做什么?"

希运禅师听了,回头就给他一个耳光,说道:"不着佛求,不着法求,不着僧求,当作如是求!"

希运禅师的话,是一般浅知浅识的人无法体会的真理;当我们向佛陀圣像顶礼时,是凡夫心和佛陀心的交流啊!

二、佛陀的金容

(一)圣容金身

佛陀真正的样子,是清净无为的法身,从法身理体而显的妙用,就是应身的金容。佛陀的法身,连登地的菩萨都不能完全测知,佛陀的弟子,只能从金容的相好上去认识伟大的佛陀。《心地观经》上说:"金光百福庄严相,发起众生爱乐心。"2500多年前,为一大事因缘而降诞于世的教主佛陀,有着百福庄严的相好。佛陀的身体是黄金的颜色,有一丈六尺高,《阿含经》中说佛陀是"希有金容如满月"。所谓"三十二相,八十种好",那就是佛陀的圣容。

在佛陀的弟子中,有不少人是未闻佛陀说法,初见佛陀的金容就决意皈投佛陀出家的。大迦叶尊者,本是婆罗门的富豪,在多子塔边逢到坐在树下的佛陀,他为佛陀的金容相好所摄受,不知不觉地向前顶礼,宣誓加入佛陀的教团;富可敌国的须达长者,做客南方,在夜中遇到佛陀,月光下,他也为佛陀的圣容所感动,跪在地上请求佛陀能到他的故乡去宣扬真理,普度众生。

在佛陀传教的生涯中,把迫害者慑伏回头,把顽强者感化皈依,有很多也是由于佛陀慈悲威严的相好。叛徒提婆达多,收买了六名强盗去行刺佛陀,但被佛陀的金容所流露出的威德之光征服,这六名强盗即刻放下刀剑跪在佛陀面前忏悔;鸯掘摩罗是个杀人不眨眼的魔王,佛陀特地在路上和他相遇,天不怕地不怕的鸯掘摩罗,一见佛陀的金容,心中不由一惊,五体投地地请求佛陀准许他重新做人。

山中的猿猴,采摘野果,毫不畏惧地献于佛陀的金容之前;酒醉的狂象,见到佛陀金容,流出悔过的眼泪。如日月之光的佛陀金容,如万德庄严的佛陀相好,使凶恶者生起慈悲,使暴戾者变为平和,在50年传教的岁月中,睹佛陀金容而得救的,真是不计其数。

(二) 金容相好

形容佛陀的金容相好,在经里都说佛陀有"三十二相,八十种好"。相好,指佛陀的身体金容,微妙的形状,可以一目了然的叫作相,不易觉察而使人见了生起爱乐之心的叫作好。八十种好是因三十二相而有的,所以又叫做八十随形好。

这样圆满的三十二相,并不是天生如此的,佛陀是经过九十一大劫的修行,才成就了三十二相,在《百福庄严经》里说,每修一百福,才庄严一相,即如经云:"百劫修相好,三祇求福慧。"

"三十二相,八十种好",每一相,每一好,经里都有记载,三十二相是:

足下平满,没有凹处。足下轮形,千辐轮状。
手指细长,白净如雪。手足柔软,毫不粗硬。
指间缦网,交互连络。足踵圆满,无凸凹处。
足背高起,前后均平。股肉纤圆,有如鹿王。
手长过膝,端严如山。男子之根,密藏体内。
头足之高,如两手长。一一毛孔,生青色毛。
身毛上靡,向上偃伏。身体之色,有如黄金。
身放光明,四方一丈。皮肤细滑,柔软如油。
足掌肩顶,平满无缺。两腋充满,无有凹陷。
身体平正,威仪严肃。身形端直,毫不伛曲。
两肩平满,丰腴异常。口中牙齿,计有四十。
齿白紧密,洁净而坚。牙齿平齐,毫不参差。
两颊隆满,如狮子颊。咽中津液,润食美味。
舌广而长,柔软细薄。口中音声,远能听闻。
眼以绀青,澄如大海。眼睫之毛,殊胜非凡。
两眉之间,白毫放光。顶成肉髻,无能见顶。

八十种好是:

无见顶相。鼻高不现。眉如初月。耳轮垂埵。
身体坚实。骨际钩锁。身旋如象。行时现印。

爪如赤钢。膝骨圆好。身上清洁。皮肤柔软。
身不弯曲。指圆纤细。指纹藏覆。脉深不现。
踝不突出。身相润泽。身形满足。行不逶迤。
容仪具足。行止安详。住无能动。威振一切。
见者安乐。面大适中。貌色不挠。面容美满。
唇如赤色。言音深远。脐深圆好。毛发右旋。
手长过膝。手足如意。手纹明直。手纹细长。
手纹不断。见者和悦。面广殊好。面如满月。
说和悦语。毛孔出香。口中出香。容如师子。
进止如象。行如鹅王。头如醉果。声分具足。
牙齿白利。舌色如赤。舌薄而长。毛多红色。
毛软而净。眼广而长。死关相具。手足莲色。
脐不现出。腹不突出。腹细匀适。身不倾动。
身相持重。其身长大。手足软净。光长一丈。
光照身行。等视众生。身相雄伟。不轻众生。
声不增减。说法不着。随缘说法。音应众声。
次第说法。观不尽相。观不厌足。发长而好。
发长不乱。发自旋好。发如青珠。有德之相。

　　上面所叙述的三十二相八十种好，各经的记载，稍有出入，但佛陀的金容不同凡人，自无异议。比方说佛陀是丈六金身，当时有一外道怀疑，他用尺去测量佛陀究竟有多高，但他量了丈六，又是丈六，永远量不完。《西游记》里叙说孙悟空一个跟头十万八千里，但他翻了几十个跟头，也翻不出如来的掌心，这正可以形容佛陀的金容相好，崇高过山岳，深远逾海洋。三十二相中有一广长舌相,是形容佛陀说法的音声,可以远闻。声音究竟能传播多远？在《宝积经》中,说到佛陀的大弟子,神通第一的目犍连,有一次想测量佛陀说法的声音,飞翔到距离娑婆世界无量远的东方佛国,再测听佛陀的声音,依然可以听到。数千里外的欧美广播,我们现在况且能够收听,何况功德巍巍的佛陀出广长舌相,遍覆三千大千世界？三十二相八十种好,只是我们凡夫所了解的佛陀,佛陀的真正金容相好,又岂是三十二相八十种好所能形容包含的？

(三)八相成道

佛陀的金容虽然有着无量的相好,但是佛陀诞生在人间,他终究也是人。佛陀在人间整整 80 年的教化,这说明佛陀一生的经过,就是八相成道。兹将八相成道略述如下:

1. 降兜率:佛陀由燃灯佛授记,是娑婆世界的补处菩萨,先住于兜率天的内院之中,经过 4 000 岁,观察娑婆世界教化的机缘。

2. 入胎:在兜率内院住满 4 000 年后,即乘白象由天而降,由圣母摩耶夫人右胁入胎。

3. 诞生:在 4 月 8 日的艳阳天气,于蓝毗尼花园中降诞,降诞后即能行走七步,曰:"天上天下,唯我独尊。"

4. 出家:29 岁的时候,因感念世间无常,弱肉强食,而且人间多不平现象,遂毅然骑马逾城出家学道。

5. 降魔:在修道的时候,内心有贪瞋烦恼的魔,外境有声色货利的魔。征服魔军的邪恶,不为魔女所诱惑,这需要大雄、大智、大无畏的降魔精神。

6. 成道：降魔以后，终于在12月8日，于菩提树下金刚座上夜睹明星，而成正觉。

7. 转法轮：佛成道以后，于50年中，谈经说法，把真理弘遍人间，使法轮常转于世。

8. 涅槃：80岁的那年2月15日，教化因缘已满，遂于娑罗双树下进入涅槃。

佛陀是人间的大圣者，佛陀既生于人间，他的金容相好，就有婴儿、童年、青年、壮年、老年的不同，大迦叶尊者命雨舍大臣所绘的八相成道经过，正可说明佛陀一生的化迹。

（四）金身受灾

佛陀的金容圣身，是那么相好庄严，但是应身的佛陀，在人间的活动，并非顺心如意，百无阻碍。

佛陀的教法，说明这个世间是无常苦迫的，而佛陀一生有为的金容圣身的变化，也正说明世间诸行无常的真理。不管怎么说，功德所修积而成的三十二相、八十种好，总是有为的身相，不是无为的法身。佛陀应化的有为金容圣身，所受的灾害，也是难免的。

佛陀在行路的时候，曾遇到两次灾害：一次是行走轲地罗山时，被怯陀罗毒树的木刺刺伤足踝；一次是在耆阇窟山下经过时，被提婆达多从山上推下的巨石击伤右腿流血。

佛陀有两次对大众宣布他患病的消息：一次命名医耆婆为他调下痢的药，服用后病愈；一次背痛命阿难尊者到村中乞求牛奶，命大迦叶尊者为其诵念七菩提分，病苦得以消除。

佛陀又有两次遇到饮食的困难：一次是在婆罗村安居的时候，适逢饥馑之年，在三个月中，每日唯食马麦充饥；一次出外乞食不遇，空钵而还，只有饿着肚子等待天明。

另外，婆罗门的战遮女，曾当面指着佛陀的金容，诬蔑佛陀；拘利城的善觉王，指着佛陀的圣身，批评佛陀……佛陀的圣身金容，遭受如许的灾害，不了解此中深义的众生，很容易生起疑惑，憍萨弥罗国的国王波斯匿王，曾经针对此问题请问佛陀："佛陀，您的金容相好，品德威严，是天上人间所没有的，但是佛陀您在传播真理的生涯中，为什么会有那些灾害呢？"

佛陀回答："大王，诸佛如来的永恒之身是法身，为度众生，才应现这些灾害，伤足患背、乞乳服药，乃至涅槃，以其舍利分塔供养，这些都是方便善巧，欲令一切众生知道业报不失，令他们生起怖畏的心，断一切罪，修诸善行，获证永恒法身，无限寿命，清净国土，不要留恋娑婆世界的有为色身。"

波斯匿王闻后，疑云顿除，欢喜踊跃，他不但认识了佛陀的金容，更体会到佛陀甚深的大悲心。

伟大的佛陀，他的圣身金容，我们虽然没有看到，但佛陀永远活在我们的心中；那灵山会上，百万人天中央端坐着的相好庄严的佛陀，也将永远依稀地浮现在每一个人脑海里。

三、佛陀的真身

（一）无相真身

佛陀的圣像，我们到处都可瞻礼；佛陀的金容，2 500多年前，确实曾应现于世间，但佛陀的真身究竟是什么样子？

唐顺宗问佛光如满禅师道：
　　佛从何方来？灭向何方去？
　　既言常住世，佛今在何处？
如满禅师回答：
　　佛从无为来，灭向无为去；
　　法身满虚空，常住无心处。
　　有念归无念，有住归无住；
　　来为众生来，去为众生去。
　　清净真如海，湛然体常住；
　　智者善思维，更勿生疑虑。
唐顺宗仍然有疑，又再问道：
　　佛向王宫生，灭向双林灭；
　　住世四十九，又言无法说。
　　山河与大海，天地及日月；
　　时至皆归尽，谁言不生灭？
　　疑情犹若斯，智者善分别。
如满禅师再回答：
　　佛体本无为，迷情妄分别；
　　法身等虚空，未曾有生灭。
　　有缘佛出世，无缘佛入灭；
　　处处化众生，犹如水中月。
　　非常亦非断，非生亦非灭；
　　生亦未曾生，灭亦未曾灭。
　　了见无心处，自然无法说。

佛陀的真身，就是法身。法身，才是佛陀真正的样子，但法身无相，九住菩萨尚不能见，何况给无明烦恼遮蔽了的众生？法身，无为无作、无形无相、无去无来、无始无终，我们怎样才能见到佛陀的法身呢？

佛经云："断一分无明，证一分法身。"可见法身不是在形相上求见的，法身完全是修证的问题。《华严经》云："法性本空寂，无取亦无见；性空即是佛，不可得思量。"法身是离语言、离文字、离思量的境界，"若人欲识佛境界，当净其意如虚空。"法身，就是虚空身，虽无形无相可言可见，但无形而无不形，无相而无不相，法身是横遍十方，充实法界的。

太原孚上座，有一次在扬州讲《涅槃经》，讲到三德法身的时候，广谈法身的道理。当时有一位参禅的禅师，在法会中听得失笑起来，讲经下座以后，孚上座搭衣持具，很虚心地向失笑的禅师顶礼道："适才某所讲法身，莫非有不是吗？"

禅师回答："你如要认识法身，请你停讲三日，闭目深思，看看法身究竟是什么样子？"

孚上座听后即宣布《涅槃经》停讲三日，自己闭门参究，三日后，他对法身似有所悟，很欢喜的说道：

　　法身之理，犹如太虚，
　　竖穷三际，横亘十方，
　　弥纶八极，包括两仪，
　　随缘赴感，靡不周遍。

从这个公案，知道法身非从形相上去了解，非是语言可以说明。圣像金容，一说或一看，就能知道，唯有法身不是眼耳可以了知,佛陀的无相真身是要从心上去认识的。

(二) 真身相用

法身之体,虽然不是有形可见,有相可看,但法身的庄严德相,微妙之用,又不是完全不可知道的。《金刚般若波罗蜜经论》说:"法身毕竟体,非彼相好身;以非相成就,非彼法身故;不离于法身,彼二非不佛。"佛陀的圣身金容,不是法身,但圣身金容确又是从法身所显现的相用。

在《密迹经》中说:佛陀圣身,虽然分有法身、报身、应身,可是三身又不二,因为报身、应身,是从法身理体上现起的,离了法身,也就没有报身和应身,所以从应身的金容上也可以测知佛陀的法身。当佛陀应化世间,到处说法时,在每一讲经的法会中,有见佛陀是金色身的,有见佛陀是银色身的,甚至还有见到佛陀是砗磲、玛瑙、琉璃色之身的;有的见到佛陀与人无异,有的见到佛是丈六金身,与转轮王无异,或见三丈、千万丈等种种不同之身。甚至佛陀说法的音声,也有种种不同,有柔软微妙声、有狮子大吼声。其所说法,也是随着各个听众的根器而不同,有闻布施、持戒,也有闻禅定、智慧、解脱、大乘法等等。这不就是从真身本体上所显现的不可思议的法身神力吗?

我们从各种经典中知道,教主佛陀常常在同一个时间,在千万国土里做佛事,有种种名号,有种种身形,有种种教化,这不就是从法身所显现的相用吗?若非法身能显相用,何能至此?一佛的国土是三千大千世界,娑婆只是三千大千世界中的一小世界,佛陀应现世间,若非法身到处可显相用,何能教化三千国土?

《大乘起信论》说：法身，自体有大智慧光明，遍照法界，真实识知。由此可知，娑婆世界的一切，无一不是法身的相用，所谓"溪声尽是广长舌，山色无非清净身。""郁郁黄花无非般若，青青翠竹尽是法身。"在觉悟的圣者眼中，无一不是佛陀的真身，无处不是佛陀的真身。佛陀将有为的身形进入涅槃，是佛陀契合法性，把真身遍在一切法中，一切法中也都有佛陀的真身；佛陀至今还和我们在一起，我们也活在佛陀的法身中。

不但我们活在佛陀的法身中，《楞严经》说："十方虚空世界，都在如来心中，犹如片云点太清。"这如来的心，就是佛陀的真身；宇宙万象，都是佛陀真身的相用。

（三）真身处处

法身，是佛陀的真身，这真身遍满十方虚空法界，所放的光明遍照无量的国土，唯有具足十住的菩萨，才能常常听到法身演说妙法。法身，是佛陀的境界，《华严经》说："大海之水可饮尽，刹尘心念可数知；虚空有量风可系，无能说尽佛境界。"佛陀在各经中不时地指导修学的弟子，如何亲切地认识佛陀的真身。佛陀说："见缘起即见法，见法即见佛。"佛陀的法身就是诸法的自性，若能从缘起法中，通达诸法的空性，就能见到佛陀的真身。《金刚经》也说："若是经典所在之处，即为有佛。"法在佛在，信法就是信佛，佛陀所以是佛陀，因他能契合法性，证悟法性，和法性打成一片；不相信法，不恭敬法，不了解法，就不能认识佛陀的真身。

佛陀的应身，应现的因缘将了，要进入涅槃的时候，弟子们都很悲哀，佛陀就对大家说道："你们不要悲哀，有为的、年老的应身如同破旧的车子,破旧的车子毁坏了,用保养来继续使用,不是永久的办法。我可以把这有为的肉体生命,活上数千万年,和你们共同在一起。但有会合就有别离,这是不变的道理。佛陀进入涅槃,在法性中照顾你们,让佛陀的生命,和无为的法身相应,这生命才是与天地同长,与日月同光!大家今后若能依我的教法而行,那绿色的杨柳,那青青的松柏,都是佛陀的法身。"确实,能依着佛陀的教法而行,就能见到佛陀的真身。

因此,戒定慧三无漏学是佛陀的真身,三十七道品、十力、四无畏、十八不共法等,是佛陀的真身,甚至奉行这些教法的僧团,就是佛陀的真身。

(四) 常住真身

佛陀的真身,佛陀的法身慧命,就是六和敬的僧团,佛陀常说:"能供养僧,则供养我已。"可见佛陀多么重视僧团!所谓"绍隆佛种"、"续佛慧命",都要靠僧团。所以,僧人务必在四方努力弘法利生,让佛陀有无量的真身遍满在世界之上!

1972 年 4 月 28 日讲于宜兰念佛会

佛陀的宗教体验

所谓宗教体验,并不在形相上的表现,也不在说得天花乱坠,而是生命的净化与升华,使我们能够转秽成净,转苦为乐。

宗教不是哲学,哲学重在分析、思辨、研究,而宗教则重在实证,此实证就是宗教体验。所谓宗教体验,有时不能以我们观念中的分别语言文字,加以详尽地说明。因为宗教体验是超乎有形有相的语言文字,是一种内心的感受,甚至是扬弃语言文字,对生命所作的一种直观与返照。所谓"如人饮水,冷暖自知"。水的冷热,非得亲自去尝一下不可,同样的,宗教的境界,亦必须实践才能有所体悟。

譬如政府召集海内外学者专家,这些学者,对自己的所知所学都有深刻的体验。在会议中,他们把自己的体验、心得报告出来,贡献给国家、社会,可以推动各项建设;因为他们的体会较深,所以提供出来的意见也富有价值。

同样地,在宗教的信仰里,如果有深切的体验,则信仰能扎根深厚,永不动摇。如果没有体验,纵使有信仰,也仿佛树木没有根,是禁不起外境的考验的。有云:"鱼在水中不知水,人在心中不知心。"鱼儿在水里,悠然地游来游去,若不知道自己在碧波里,而向外界再去求水的话,就是一种颠倒。我们每一个人,都有一颗与天地宇宙一样广大无边的本性真心,只是我们对自己的宗教信仰,体验不够,无法认识心中的一片灵台,遂缘木求鱼地向外追逐,徒然离道愈远而已。

古德说:"若人识得心,大地如寸土。"假如每一个人都能认识自己心中的人生,使生命扩大如虚空,日月星辰尽含摄在心中,大地哪里还有多余的寸土呢?

所谓宗教体验,并不在形相上的表现,也不在说得天花乱坠,而是生命的净化与升华,使我们能够转秽成净、转苦为乐。"若能转物即如来,春暖山花处处开"。我们有时花费多少岁月,专精地研究教理,付出多少辛苦,专心一意地修行,无非是想在宗教的世界里,证到一片属于自己的天地。可是有多少人浪掷了多少的春秋,虚耗了多少辛勤,由于心为外物所役,不能转境成智、转迷成悟,对宗教的体验不深,所以不能和宗教的真理相应。

"修行三大劫,顿悟刹那间"。宗教的修持,虽需经年累月,但体证却是当下的。过去,有许多参禅的禅师,曾经透过他们的经验说:"我打坐、参禅数十年,只有一次在某某道场坐了一支好香。"也有修净土念佛法门的人说:"我念佛念了四十年,佛七打了几百次,但是只有一次,在某个念佛堂,念得很有感应。"再多的岁月过去,再多的心血付出,而就在那么一次,能与真理契合,能和诸佛菩萨同一个鼻孔出气。古人说:"就那么一次,够了!人生夫复遗憾?"这就叫作宗教的体验。

一般人心目中的佛陀，是神化的佛陀，不是人格化的佛陀。但佛陀不是神，而是一个实实在在的人，是一位完美无瑕的圣人，是大彻大悟的觉者。不过，佛陀的宗教体验，不容易以有形的语言加以解说。他的宗教体验，是无法以我们凡夫的分别知见来了解的，只能近似地去忖度。以下分成数点说明：

一、佛陀的宗教性格与宗教情操

信仰宗教，首先要具备宗教的性格和宗教的情操。综观佛教的现况，虽然佛教的信徒多如过江之鲫，出家僧侣也为数不少。但是真正具备宗教性格和宗教情操的人，就为数不多了。

什么是宗教的性格呢？具体而言，譬如要怀抱出世的思想，要具备远离染欲的性向，要拥有忍辱谦让的气度，要呈现喜好寂静、不乐喧闹的风格，要含存宁愿自己吃亏，对待大众厚道的美德……有了以上这许多的条件，才可以说此人已具有宗教的性格。

过去有一位日本人，批评我们中国人说："中国人是个缺乏宗教情操的民族。"为什么非难我们缺少宗教情操呢？以儒家文化为本位的中国，一向较不注重宗教的性灵层面，即使是流行于一般民间的宗教信仰，也欠缺宗教的情操。

什么是宗教的情操呢？宗教情操所表现的是牺牲奉献的精神，只求施舍不图回报的胸襟，但是我们中国人接近宗教，多数不讲求牺牲奉献，普遍是以贪婪希求为出发点，充满了功利主义的色彩。譬如顶礼佛陀的人少，祭拜鬼神的人多；礼拜菩萨的人少，膜拜妈祖、城隍的人多。因为祭拜妈祖、城隍，可以祈求到自己所企盼的幸福："妈祖啊，求您保佑我发财、买彩票中大奖。""城隍老爷啊,求您庇护我儿孙满堂,享受功名富贵。"这种信仰是建立在贪求觊觎的心理上,而不是奉献牺牲。

真正的宗教情操,是讲求无偿地奉献、默默地牺牲。例如佛教的教主释迦牟尼佛,在因地修行时,往往为了救护生灵,而牺牲自己的生命,那些割肉喂鹰、舍身饲虎的故事,皆说明了佛陀慈悲的心怀。佛陀自己躬身实践慈悲、救拔倒悬之外,并时时教诫弟子们要牺牲自我,利于他人。

佛教这种委屈自己,成全别人的思想,恰与世俗只知从他人之处获取,不肯付出些微的观念格格不入;佛陀这种高远超俗的教义,曲高和寡,一般短视浅见的众生是无法奉行的。

宗教的情操,除了讲求牺牲奉献之外,更要具备坚毅的心志、勇敢的气魄。佛陀最初要出家时,父亲净饭王舐犊情深,舍不得他出家。因此,当尚未成佛的太子悉达多夜半离开王城时,净饭王派人马不停蹄地追赶太子,请他回城。但太子对追赶的人说:"世俗纷扰的世界,好比一栋燃烧的房子一般,我好不容易从失火的房屋逃出来,怎么可能再愚痴地回身进入呢?社会上一切物质欲染,如同我吐出的秽物,我怎能再咽下去呢?"佛陀以坚毅勇敢的心志,克服种种来自国家及亲情的横逆,终于完成了出家、求道、成道的历程。

佛陀和我们一般人的性格有种种不同,最显著的相异点,归纳言之,是凡人以贪欲为快乐,而佛陀以贪欲为痛苦的渊薮;世间的人,喜好热闹议论,而佛陀则以喧哗纷争为苦事。譬如净饭王为了打消太子出家的念头,曾命令部属建造春夏秋三时都百花盛开的宫殿,来取悦太子,但是,太子出尘的心,丝毫不为五欲的享乐所打动。

成道之后的佛陀，有一天和阿难尊者出外行化，行至半途，看到许多乌鸦在争食一块死亡多日的老鼠臭肉，互不相让，甚而啄伤对方。佛陀于是对阿难说："末法时期的众生，为争夺财物，打得你死我活，就好比乌鸦争夺臭肉一般愚痴可笑。"在已经觉悟的佛陀看来，世间的声名利养，就像臭肉一样，不值得贪求。

佛陀的性格喜欢追求理想，他希望达到的是一个没有衰老现象、没有疾病的痛苦、没有死亡的恐怖，一切都不增不减、至善至美、最真最圣的清净世界。这个常乐我净的境界，在污浊脆弱的现世间，是不容易完成的，是需要以广大的本愿才能庄严的。

佛陀为了寻找另外一个无争无苦的理想世界，发起四弘誓愿，以无比的慈悲心，度化一切顽强的众生；以坚韧的勇猛心，断除一切障道的烦恼；以不懈的精进心，学习一切趋道的法门；以无上的菩提心，成就圆满的佛道。这一切异乎常人的性格、情操，都注定他成为众生慈父、救世教主的伟大佛陀。

二、佛陀的苦行生活与降魔精神

希望有深切的宗教体验，苦行也是一种过程。佛陀当初为了求道，特地跑到苦行林修苦行，体验宗教的精神。他首先训练自己，在饮食上减少餐次数量，甚至到绝食的地步。佛陀曾在雪山6年，只食一麻一麦，以淡泊物质，来砥砺求道的心愿。由于绝食，身体缺乏应有的供给，使得他的手脚经常颤抖不已、心脏收缩不规律、身体虚弱无力、冷汗沁肤循环不良；眼前常会一片蒙眬，无法分辨事物。想要坐起来却躺卧下去，想要站起来却力不从心，完全失去自我主宰的能力。

佛陀在绝食之前，有时也学习鸟群食粟、学习鱼儿喝水、学习牛羊吃草、学习猿猴唼果，严厉地要求自己从各个角度去修持苦行。除了在饮食上彻底地自我克制之外，佛陀更实践禅坐，多少的光阴在静坐中流逝了，佛陀依然胁不就席，打坐观照自心。由于打坐的时间很长，树木的葛藤从他座位的周围，穿过腰身，慢慢伸长出来；鸟雀在他的头顶上做了窠巢，仍丝毫没有惊动其甚深的禅定。

佛陀由于饮食稀少，苦行又深，因此身体日益消瘦，皮骨相连。但是，佛陀却更严格地以停止呼吸来磨炼自己。此时他全身感到极端不适，只觉耳中轰轰如雷鸣，眼前金星缭乱、天旋地转，头上仿佛有千百条皮鞭在抽打，骨中好像有万把刀剑在挖割。这些苦行，使他的肉体遭到难以忍受的痛苦，但是更无法克服的是来自于内心深处的魔障。

平时我们一提到魔，总是联想到青面獠牙的鬼怪，或者是妖媚惑人的魔女。其实，魔不一定来自外在的魔子魔孙，或者是夺人生命的鬼魅魍魉；我们心中就藏着许多的魔，伺机侵犯我们。魔，概而分之，在外指六尘的染着，在内指三毒弊害。

佛陀所感受到的魔，如少年时代的种种甜蜜回忆，温馨难忘的亲情，对父亲、姨母、兄弟、妻子的感情等，交织成一面黑色的网，网住了他的心，不得自由。他所不想要的虚名假利，就像绳索一样，束缚了他的手脚，不能迈步前进。他所希望达成的，却因为种种的权势暴力，而不能如愿以偿。

这一切逆境艰苦就是魔，而最大的魔莫过于欲念，佛教把财色名食睡称为五欲,是障碍佛道的魔。魔和鬼一样,社会上的人,也知道把五欲看成魔鬼般来远离它们,譬如一个人酒喝得太过分,就称此人为酒鬼;抽烟抽得上瘾时,称之为烟鬼;赌钱赌得不知晨昏,而又倾家荡产的,称之为赌鬼;好财如命、悭吝不拔的,称之为财鬼;贪好美色的,称之为色鬼,可见五欲的魔鬼经常缠绕着我们,和我们打交道。

在佛陀修行的过程中,钱财并不能动摇他。他以太子之尊,把享受不尽的荣华富贵都舍弃了,何况是锱铢薄财。佛陀对物质视如粪土,没有拥有的念头;对于饮食也力求简单,不加重视。过去锦衣玉食,日食千金,不以口豢为乐;现在粗茶淡饭,甚至日中一食,也不以为苦。至于睡眠,时间的长短、床卧的舒适与否?对太子而言,都是无关紧要的事,反而以睡得少为乐事。谈到"名",佛陀当然没有名闻的欲望,他贵为太子,马上就可以继承王位,成为国王,接受万民的拥戴。他连国家都抛弃不要,还要什么虚名呢?

他想要的是解救众生,与一切众生共享共有,与真理同存同在。佛陀将涅槃时,弟子请示他:"佛陀,你涅槃之后,我们应该如何对您思慕与纪念呢?"佛陀慈祥地回答弟子说:"在十字路口建立宝塔。"这并不是佛陀希望建筑宝塔,好让众生来纪念他;佛陀对于声名视如过眼云烟,增一分减一分都无损其人格。佛陀嘱咐弟子建宝塔,主要是让众生见塔如见佛的真身,知道精进学法;只要对大众有益处的事,佛陀都会慈悲去做。

目前社会上有一些人,做一件好事功德,为了表示清高,则说:"我不要名,替我登记无名氏好了。"登记无名氏,仍然要名,为什么?因为执取了"无名氏"的名。佛陀对人间的名声闻达,早已觉悟其虚妄性，佛陀所做的一切，只想对众生有所贡献。

在佛陀降魔的心路历程中，比较难以克服的是"情欲"。情欲是一种本能的冲动，也是生死流转的根本来源，是超凡入圣必须通过的难关。但是，有时心中所想的却不能和行为合一，必须以极大的力量来克制内心的欲念。佛陀在雪山 6 年的苦行生活中，借着吃得少、睡得少，来劳其筋骨，饿其体肤，以减轻欲念，但是佛陀最后觉悟到：世间上的人追逐物欲，沉迷在声色犬马之中，太过享受，固然不易达到解脱大道，但是太过于苦行，使身心受苦，形同槁木死灰，也不能证悟菩提。一切的苦行，是没有办法进趋大彻大悟的法门的。最好是舍弃苦乐二边，过着不苦不乐的中道生活。

佛陀经过这一番深切地体验之后，了解苦行的不究竟，于是离开了苦行林，到菩提伽耶，正念端坐于金刚座上，重新调整修行的方法，来观照宇宙人生之缘起本心，终于夜睹明星而大彻大悟，成为圆满正觉的佛陀。

三、佛陀在菩提树下的证悟

佛陀在金刚座上，究竟证悟了什么？佛陀所证悟的是："我现在知道的，和世间上的人所知道的是不一样。我认为美好的，他们认为不好；我认为道是至真至贵的，而众生畏苦裹足不前；我体悟到欲念的痛苦，而众生却贪爱趋之若鹜。"佛陀证悟的是什么道理？简单地分为四点来说明：

1. 佛陀感受到过去的人和事，都清晰地浮现在眼前，历史上的种种，都历历在目地展示在眼前，过去、现在、未来，并不是截然不同的三个阶段。时光流年，被一条细长的环索，绵绵密密地连缀在一起。原来,无始无终的时间,是在当下的一念,这一念之下,已具足了三千大千的风光霁月,说明了佛陀的修证,已经超越了时间的限制,佛陀的法身是存在于一切时中。

2. 佛陀感受到远近的世界,慢慢地向他靠拢而来,山河大地在他的眼前,散发出五彩的光芒。过去污秽的,现在转变成清净;过去丑陋的,现在是多么美好;过去黑暗的,现在呈现着一片光明。从青山的翠碧中,他体悟到佛性真如;从溪涧的涓流里,他验证了无我的真谛,感受了生命的永恒。世界的远近,对佛陀好像已经没有了隔碍。这说明佛陀所觉悟的,已经超越空间的有限性,遍一切处而常转法轮。

3. 佛陀觉悟到世间上的烦恼、不如意,只是假名而已,而众生无知,执假为真,计较人我是非,妄起贪瞋痴,以圣者的智慧来看,实在是百无聊赖,甚为可悯。

佛陀证悟到,生死无非是假相。众生随着业力,在生死之流中,生了又死、死了又生,常人不知,信以为实。其实,生死不是两个,而是同一件事。表面上看起来,生命的诞生,有种种的形相,种种的欢喜;生命的殒灭,有种种的伤感,种种的悲哀。以悟者的心智观察,则一切皆为虚妄。死亡,只不过如同旧屋残破剥落,搬了新家而已,身体好比房子损坏了,换一个好身体,如此而已。

事实上,生就是死,死就是生,生并非真正的生,死也非真正的死,吾人之所以贪生怕死,乃"我执"在作祟,一旦有了我执,世间上的纷扰、动乱、痛苦,就会如影随形般逼迫而来。去除了我执,生即是死,死即是生,生死一如,表里不异,当下就能得到大解脱,获大自在。佛陀此时的心情,恰如《般若心经》的"照见五蕴皆空",除去我执,证得我空,因此能够度一切苦厄,超脱生死轮回。

4. 佛陀觉悟到我和一切的人类、万物,原来没有对待、差别,虽是草木沙石,也具有菩提道种,皆为平等。佛陀发出震撼古今的宣言说:"奇哉!奇哉!大地众生皆有如来智慧德相,只因妄想执着而不能证得。"一切众生,本自具足佛性,只是众生因为妄起执着,一念不觉,遂沉沦于生死海中,佛陀证悟到人生也好,宇宙也好,一切都被包含于万法缘起的理则之中。所谓缘起,即待缘而起,没有独立性,恒常性;所谓缘起,即是物物之间,互为因缘,关系密切,人我本为一体,我和你非二,乃至一切万物皆无差别;生命彼此是贯穿在一起,融合在一起,彼此没有隔阂,没有障碍。

一切的生命皆由如来藏中所引发,菩提种中所生出,我即众生,众生即我,因为万物一体,心、佛、众生三无差别。我帮助你,非帮助你,而是爱护自己;我仇恨你,即仇恨自己,如果能够了解此理,则人人应该互相尊重,共容共成。佛陀由于证悟了实相,因此兴起大慈悲心、大平等心,可运用大智慧来救度和他一体不二的众生。

四、佛陀觉悟后的宗教体验

觉悟后的佛陀,如何享受他的般若生活,分为四点来说明:

(一)佛陀的一日生活

想象中佛陀一天的生活,或许如小说家笔下描写一般,驾着祥云紫雾,飞翔于天上人间,运用神力变大变小。其实,那是虚幻不实的神,而佛陀是一位实实在在的人。他一天的生活大致如此:早上天尚未破晓即起,盥洗,然后打坐。或许有人会质疑:佛陀都已经成道了,还要打坐做什么?

佛法对于学佛的人,有两方面的受益,一为自受用,一为他受用。自受用,即在佛法中找到安止身心的法乐,也就是自度自利;他受用,即弘扬佛法,让佛法的法益普被于三根,是度人利他。能够在佛法中体会到自受用,必能植根深厚,虽经诋毁侮辱,遭到横逆迫害,也不会忘失道心,率尔轻离佛门。如果能够激发他受用的慈悲心,广度一切有情,则圣教可以推扬。

事实上,他受用即自受用,自受用乃为了完成他受用。譬如佛陀虽然已经开悟,仍然在勤修禅定法门,此乃佛陀自受用的境界,在禅坐中和真理融合,享受无法言喻的禅悦寂静。然后,再以禅定中所证得的智慧慈悲,去教化众生,以收他受用之效。

佛陀禅坐之后,出门托钵。托钵的制度,在原始佛教僧团中,非常被重视。因为托钵使佛教和信徒密切地接触在一起,缁信以饭食来供养僧侣们的色身,僧侣们则以佛法来普滋信众的慧命;一为财布施,一为法布施,财法二施,等无差别。

佛陀托钵毕,为供养的信徒说法,使他们于信施中,得闻清净法,生大欢喜心。然后返回精舍,食用托钵而来的供养,食毕,洗涤瓦钵,吸取清水,沐洗双足,整理衣单,铺好座位,然后安详入座。即使是圣者的佛陀,也很重视生活中的辛勤劳作,佛陀以身作则,为我们树立了一个典范。

佛陀打坐完毕,会集合比丘弟子们开示教诫,主要讲的是戒法律仪,使弟子们能够如法行止,维持僧团的清净和合。佛陀对弟子们开示之后,有些信徒由于清晨晚起,来不及供养佛陀,这时候,三五成群地把东西送到精舍,等待供养佛陀,佛陀接受他们的供养,同样慈悲地为这些信徒讲说佛法,使他们福慧双修。

信徒们离去之后,佛陀静静地到精舍的各堂口去巡视,看看出家的弟子们如何精进修行,并且实时给予最适当的调教,和解决他们的困难。佛陀的慈悲就像和风煦日,无私而普遍地照拂着每一个众生。接下来大约下午4时或5时,于是再盥洗、沐浴,然后静坐。

到了夜幕低垂,佛陀仍然不忘说法。初夜时分,把遭遇重大困难、问题重重,或者是烦恼深重、打不开心结的弟子,个别叫来,殷切地开导他们,佛陀的慈爱,仿佛春晖般的细腻,随时随地都关护着弟子。午夜时,大约晚上11～12时,佛陀在禅定中,为天人演说天乘之法,使他们生大信心,护持佛法。到了下半夜,相当于2～3时,佛陀或经行,或以右手托头,如弓状般吉祥而卧。这就是佛陀一天生活的概况。

佛陀的日常生活,粗观之,不是和我们的生活没有两样吗?佛陀和我们凡夫相同,也必须吃饭睡觉,也一样走路讲话。其实细察之,其中的内容却大不相同。佛陀一日的生活是实践六度精神、表现般若风光的生活,和我们凡夫计较纷争的生活,是截然不同的。譬如佛陀披搭袈裟,乃警示沙门释子,不忘常行清净戒法,即持戒波罗蜜;沿门托钵,使信众们得种福田,并为之说稀有之法,即布施波罗蜜;不分贵贱,次第乞食,不避侮蔑,普行劝化,即是忍辱波罗蜜;洗钵铺床,勤奋不息,是精进波罗蜜;静坐冥思,观照空理,即禅定波罗蜜;这一切皆为证悟真理所流露出来的悟者的生活,即般若波罗蜜。佛陀所过的生活正是平等解脱、慈悲喜舍的六度生活。

我们凡夫也需要穿衣饮食,但是所表现的心态却大不相同。《阿含经》上说,有情众生以四种食物长养依身:一为摄养滋长形体之段食;二以衣裳、华盖、香油使肌肤接触之后,产生触喜、爱乐之事的触食;三为靠思念以忘饥的思食;四为以心识而支持身命的识食。经上又说圣贤有五种出世食:一为禅食,一为愿食,一为念食,一为解脱食,一为喜食。

根据《心地观经》的说法,三世诸佛出生于世间时,即为众生演说四食,但是,这四种都是有漏的世间食,只有法喜禅悦食才是圣贤所食的。我们食用一切,所持的是贪着、差别的心念,骄矜自满的态度。而佛陀每吃一口饭,则感念众生的恩泽大如须弥山;每踏出一步路,就想引导众生跨过茫茫苦海;每讲一句话,无不想将佛法贯穿众生的心房;佛陀沐浴,是为了洗净众生无始以来所熏染的尘垢;佛陀巡视教团,是希望众生能够早日成佛;佛陀无时无刻不在念念众生的哀苦;无时不在随地随处行大慈悲。佛陀四十多年化他的生活中,每日仍然不忘独居冥思;从日常的一言一行中,呈现出不贪、不瞋、不妄求,无对待、无差别、无执着,真理合一的圣者境界。所谓"平常一样窗前月,才有梅花便不同"。佛陀的生活是多么的平实,而又不同于凡俗。

(二) 佛陀如何应付困难和挫折

佛陀虽然过的是六度的生活,但是,佛陀所遭遇到的困难和挫折更是众多。我们处世接物,遇到困难和挫折时,如何应付呢?是消极地逆来顺受,还是积极地排除困难呢?举例说明圣者的佛陀,是如何以他的智慧来排难解纷。

佛陀成道以后，受到国王乡绅们的供养固然很优厚，但是有时出去托钵，无人布施，空钵而回的例子也有。譬如有一个富人名叫阿耆达，到祇树给孤独园，聆听佛陀说法，看到佛陀相好庄严，生起大欢喜心，想请佛陀到自己的住处供养，于是请求佛陀说："佛陀，请您到我住的地方，接受我的供养。"佛陀说："你住的地方离开这里有一二百里，太远了。""佛陀，我住的地方的确偏远了些，但是那里没有佛法，那里的大众需要您的法雨滋润。""我的徒众很多，不便前往。""佛陀，没有关系，我的住屋宽大，请比丘们一齐去，让我行布施吧！"佛陀看到阿耆达诚恳的邀请，为了不忍拂逆他的好意，于是答应他的请求。

阿耆达一看佛陀答应接受供养，满心欢喜地回去。回到家里，三朋两友力邀他参加宴会，并且建议把阿耆达家的花园布置得美轮美奂，共同举行舞会娱乐。阿耆达一时迷于玩乐，竟然把供养佛陀及佛陀弟子的事忘了，更甚的是，阿耆达还嘱咐仆人，舞会期间，一律不见访客，以免受到打扰。约定的日期终于到了，佛陀带领弟子来到阿耆达的家中，阿耆达和友人正在后花园鼓瑟作乐，仆佣也不敢进去通报，没有人招呼佛陀。佛陀无法可施，只好对弟子们说："这户人家忘记约定，我们大家四散到各处去托钵吧。"

屋漏偏逢连夜雨，大家到处去托钵，不巧此地刚遭逢饥馑，民风浇薄，没有信仰，看到一群比丘手持钵盂来托钵，都紧闭门户，不愿意供养。三天过去了，五百弟子持钵出去，都是空钵而回。弟子们三天来粒米未食，佛陀也寸食未进，弟子们也还能忍耐。但是，关心佛陀的弟子非常着急，想尽办法托些食物来供养佛陀。最后，阿难尊者好不容易托到一些马吃剩的麦子，百般拜托另一户人家，将此半钵的马麦煮熟，然后亲自捧给佛陀食用。佛陀看看一群饥饿的弟子，不忍心独自享用马麦，于是叫弟子们坐下，共同来分享这半钵常人无法下咽而香味四溢的马麦。饥肠辘辘的弟子们分享佛德，吃到这珍肴美味，顿时饥饿全消，法喜充满，感谢地说："佛陀，弟子们唯有依靠您的威德，才能渡过难关。"然后，大家欢欢喜喜地跟随佛陀回到精舍。

佛陀和弟子们返回精舍不久，阿耆达蓦然想起供养佛陀的事来。"唉呀！不得了！我要供养佛陀，佛陀光临了吗？"仆人回复他："早就回去了！"阿耆达听了，赶快备办丰盛的物品，带着惭愧的心，到祇园精舍去向佛陀忏悔。佛陀看到一脸羞惭之色的阿耆达，温和地安慰他说："没有关系，人难免会遗忘，事情已经过了，不必再耿耿于怀。"

佛陀的境界，早已超越世间的有无得失，丰富的供养牵动不了他的心，空无一物，甚至食非人之食，也不以为忤。佛陀在有无之中，已经证得有无一如、自性平等的境界。

佛陀所遭遇到的困难非常多，尤其是因弟子们而招来的麻烦，更是不少。譬如有一对男女青年已经订好婚约，并且选定某一天由女方依照风俗到婆家去回拜。当天这个少女清晨就起来调制香饼，准备带去给婆婆。饼刚刚做好，恰巧一位比丘来托钵，信仰虔诚的少女便把饼供养了比丘。比丘把饼带回精舍和大家分享，由于香饼实在美味可口，没有食用到的比丘们，纷纷到少女家中托钵，少女又把要带去当礼物的饼全部供养比丘了。最后只好改变主意，明天再去会见婆婆。可是几天下来，比丘们天天来托钵取饼,少女始终无法成行,终于引起男方的误会,扬言说:"双方约好日子怎么不来呢?莫非想赖婚不成,既然你们如此没有诚意,我们就不要结婚吧!"男方不听女方解释,强行解除了婚约。

女方的父母把女儿因为供养比丘,而遭到被退婚的伤心事,一五一十地禀报佛陀。佛陀一听,立刻召集全体弟子,制定戒律,告诫弟子托钵受供应注意的事项。佛陀的悲心,希望普天下有情人皆成眷属,非只为自己能满足口腹而已。佛陀对世间的人情来往还是不偏废的,这说明了佛陀是出世而不离人间的。

佛陀受到来自外道的迫害也很多。例如外道怂恿一位名叫孙陀利的女子,经常出入祇园精舍,以诬害清净的僧团。孙陀利甚至被外道杀害,而嫁祸于僧团,但是,佛陀以大智慧使原凶就擒,洗除了冤枉。诸如此类的伤害打击,真是不胜枚举,但丝毫不能损害佛陀圣洁的人格。这些来自于外界的恶意中伤、狠毒迫害,并不能影响佛陀为教、为众生的悲心。佛陀最伤心的是来自于内部的不和,尤其是弟子提婆达多的叛变。在佛教的僧团中,由于普遍摄纳,因此佛陀的弟子良莠不齐,有圣贤,也有愚劣。

僧团本是讲求六和无争的团体,但是根器比较顽劣的弟子,有时也会有意气之争。譬如有一次佛陀在俱睒弥说法,弟子们发生激烈的争执,互不相让,佛陀于是为弟子宣说长生童子以忍止争的感人故事。在种种艰难困厄之中,让佛陀最为伤感的是跟随他出家的堂弟提婆达多,为了争夺僧团的领导权而公然背叛佛陀,破和合僧。事实上,提婆达多认识不正确,佛陀是以如明月般的圣洁道德来领导僧团,这不是任何暴力或权势所能取代的。

提婆达多背叛了佛陀,并恶毒地对佛陀的弟子发出宣言:"你们跟随佛陀出家,现在佛陀已经渐渐老了,佛陀的僧团,苦行色彩越来越淡薄,若不认真修习苦行,怎能成道?我有阿阇世大王的护持,要苦行、要物资都比佛陀方便。"一些信仰不坚定的弟子,经不起提婆达多的诱惑,也背叛佛陀,看风使舵投到提婆达多的团体。一心一意致力于组织清净无争的僧团,维系诸佛慧命于不堕的伟大佛陀,遇到这样的事,怎不伤怀?但是,佛陀哀而不怨,静静地开示弟子们说:"芭蕉的心如果长实了,就容易倒塌;骡马如果怀孕了,离死期就不远;小人如果得到太多的供养,享受的物质太丰富,道业就容易消失,失败就迫在眉睫了。"佛陀所哀伤的是众生的愚痴,自弃真理之门而不自知,而不是为个人的荣辱伤感。

跟随提婆达多的弟子,凶恶地发出狠话,要加害佛陀。跟随佛陀的弟子赶紧拿出棍棒保卫佛陀。佛陀一看弟子们准备动武,莞尔一笑,告诉大家说:"你们太傻了,成了佛陀的人,还需要用棍棒来保护吗?收起来,大家静坐念佛、念法、念僧吧。"佛陀的大弟子舍利弗尊者于是到对方那里,展开无碍的辩才,把背叛佛陀的弟子,甚至提婆达多的弟子都说服回来,归投佛陀。佛陀看到迷途知返的弟子,不瞋不喜,只是淡然地说:"只要回头就是彼岸,大家精进,切莫放逸。"已经证悟无生的佛陀,是不会唾弃任何顽强的众生,佛陀只是担忧圣教衰微,众生随业轮回,时时兴起大悲心来救度沉沦。

除了内忧外患交迭而成的煎迫之外,佛陀一生所遭遇的坎坷,实是笔墨所无法描述的。即使到了晚年,父王净饭王、姨母大爱道的涅槃,弟子舍利弗的去世、目犍连的为教捐躯,甚至释迦族的被灭,都使佛陀为之忧感填膺。自觉圆满的佛陀,充满着人间的感情,面对生死无常,不是如草木般枯槁无情,只是佛陀是证悟真理,了脱生死的圣者,彻悟人有生老病死,分段往还,而法是恒常不变。一切的攻击伤害,对佛陀而言,都是进趋真理之途的逆增上缘。

(三) 佛陀如何教化弟子

佛陀教化弟子,是依据弟子的根器,而给予种种不同的教化;好比医生视病人病情的不同,而施以各种药物。

佛陀对于能够依教奉行的弟子,耐心地给予调教;对于不能依教奉行的弟子,也方便地加以摄受。佛陀自己经历过多年的苦行,了悟苦行的不究竟,但是弟子大迦叶喜好苦行,修持头陀,佛陀虽然不加以鼓励,但也不阻止,并为大迦叶尊者说不苦不乐的中道生活。另外像阿难尊者为佛陀姨母请愿,让女众出家之事,佛陀虽然不赞成,但也不会坚持己见,固执不采纳。

佛陀对弟子的爱护是细微的,再愚笨的弟子,佛陀也不厌其烦,谆谆教诲。在佛陀的弟子中,有一位名叫周利盘陀伽,脑筋鲁钝,看经典过目即忘。他懊恼异常,佛陀于是教他持诵"拂尘除垢"的偈颂。周利盘陀伽遵照佛陀的指示,每天手持扫帚,一面认真地洒扫尘埃,一面用心地持念"拂尘除垢",佛陀并不时地给予开示。日复一日,年岁推移,终于扫除内心的尘垢,重现智慧之光。

对于懈怠不知精进的弟子,佛陀激励他上进;对于操之过急,过分勇猛的弟子,佛陀则教以缓和。有一位闻二百亿比丘,是个琴艺超群的音乐家。由于他平日娇生惯养成性,乍入僧团,不适应沙门生活的清苦,加上他因过于精进,身体不支,一天一天的虚弱下去。佛陀看到日益消瘦的闻二百亿,于是就近取喻,告诉他说:"修行就像弹琴,琴弦拉得太紧容易断,放得太松则不能成音,如果不急不缓,就能弹出美妙的声音。修行也要不急不缓,恰到好处,才能持久有成。"

佛陀对于弟子的教化方法,常是观机逗教,应病予药。而所教化的对象,则不分贵贱、贫富,一律加以关爱。譬如担粪的尼提、理发匠的优波离,佛陀都慈悲纳受,让他们成为僧团中的一分子;佛陀曾经救度五百贼人,使其弃邪归正,信仰佛教;并智引三迦叶兄弟皈依正教。佛陀亦曾教导过妓女,使入正道;感化鬼子母,让她爱人子如己出。

佛陀视一切弟子如同自己的亲生子女,佛陀举例说:一个父母生有七个孩子,六个身体健康,健壮如牛,只有第七个孩子体质羸弱,百病丛生。父母对孩子的爱本是相同的,但是,对于病痛的孩子所付出的关爱,是更深刻、急切的。佛陀对于苦难的众生,也是格外怜悯、体恤的。

又好比有三块田畦:第一块嘉禾累累;第二块由于缺水,果实苦涩;第三块则土壤贫瘠,荒草丛生。农民如果要开荒屯垦田园,一定先耕种第三块。常人因生病了,才需要医药诊治;幼童由于懵懂无知,才需要庠序之教;众生有了烦恼,才需要佛陀的慈光被照,法水滋润。佛陀是众生依止生命的堡垒,是众生倾诉委屈、心事的良师。

佛陀如何摄化弟子呢?略而言之,约有四点:

1. 以慈摄众:佛陀不辞辛苦为有病比丘看病,服侍其起居,为比丘煮粥疗饥,为目盲的弟子穿针缝衣,不厌繁琐。佛陀不以力量来摄取大众,而以世间无以伦比的慈悲来摄众。

2. 以法领众:佛陀不以权威武力来压迫大众,权威只能服人之面,而不能服人之心。佛陀树立了如皎月清风般的圣洁风范,其崇高的道德,伟大无匹的人格,使众生由衷生起恭敬,而心甘情愿接受他的领导。

3. 以智教众:佛陀成道以后,四十余年间,昼夜六时、三周演说四谛、十二因缘妙法,并且善喻举例,以幽默轻松的口气,来开启弟子的迷津。

4. 以法养众:佛陀不以金钱财物、美衣珍肴来养活众生,而以禅悦法乐,来滋润众生慧命。财宝有散尽的一日,而法喜是历久弥新,源远流长。

(四) 佛陀如何享受宗教体验的生活

佛陀对于世界一切的享乐,已经断除贪恋之心,但是佛陀在宗教体验的生活之中,享受到无法言喻的法乐。佛陀如何享受宗教体验的生活呢?

1. 以如生活:佛陀已证得真如法身,不为五尘所染,不随五欲而转,一切如如不动,而能应行世间,普度有情。如皓月映千江,自性本清净;似丽日悬天际,光明遍照耀;慈悲不减,智慧彰显,是表现法身遍在、应世无碍的真理生活。

2. 以缘行化:佛陀观十二缘生缘起之法,而成正等觉。佛陀教化众生也随顺因缘,能度则度,毫不着意。佛经上说:"佛门虽广大,不度无缘人。"佛陀虽有种种神通,然不能度无缘之人。但以众生无尽,因缘不具足,更显出佛陀的慈悲无限,待缘而度一切众生。众生虽顽劣,不知亲近善法,但是佛陀则常垂双手,等待众生伸出求救的手,因缘聚集时,佛陀仍然不会放弃任何众生,而慈悲加护。

佛陀不仅救拔有缘之人，更扩而大之，"无缘大慈，同体大悲"普济一切有情；佛陀的慈心悲愿是难以测量和窥知的。

3. 以智拥有：佛陀未出家前，拥有美满的家庭，显赫的功名，享用不尽的富贵。出家后，受到国王的优厚礼遇，檀信的虔诚爱敬，营建精舍道场，资具无缺；弟子入门者众，常随左右，集至高无上的荣耀于一身。但是，在佛陀心目中，这些东西好比浮云行空，瞬即消逝，不足挂碍于心。一切施舍从十方信众而来，还施于十方信众，随缘来、随缘去，恰似蜻蜓点水，了无余波，自在逍遥。佛陀所拥有的是如来种子的散播，菩提道种的深植，这是无上智慧的拥有。佛法本自具足一切，佛陀认为四句偈胜于三千大千微尘般的七宝，这是千金难换、不增不减的真理融合。

4. 以定安住：我们经过一天的忙累，需要温暖的家来安顿疲惫的身心；鸟儿觅食厌倦了，也需要窠巢来栖止弱小的身躯。但是脆弱的国土，必有毁坏的一日，什么才是永久无忧的安乐国？我们应该安住在哪儿才安然无恙呢？佛陀告诉我们一个去处，安住在禅定之中。

禅定的世界，是个"寂然不动，感而遂通"无住的活动世界，这里面充满无限的禅味，深深的禅意。这里有的是洒脱、自在、活泼的禅风光，与宇宙天地俱在的永恒。

以上将佛陀的宗教体验，简单地分成数点说明。佛法如大海，如果能够得到一瓢水，也就受用不尽了。

1979年11月7日讲于台北"国父纪念馆"

阿罗汉的宗教体验

阿罗汉为了学道求法,会严厉地自我要求;
为了弘法度众,会无私地奉献自己的大慈悲。
而他们虽然生活俭朴,却处处给人欢喜和方便;
虽然清心寡欲,却有着浓厚的道情法爱。

2500年前,佛陀为了体验真理,历经艰难困苦,终于证悟成道,创立了六和僧团。而证悟的阿罗汉为了学道求法,也不惜一切辛苦,成为僧团的柱石。到底阿罗汉的风姿如何?他的宗教体验又是怎么样的情况呢?今分述如下:

一、阿罗汉的意义

一般人提到阿罗汉,总以为是奇形怪状、其貌不扬,甚至是疯疯癫癫的人,或者是如神仙一般,神通广大,天上人间,翱翔自如。在中国佛教里有两句话:"内密菩萨行,外现罗汉相。"意思是说,此人内心很慈悲,含藏无尽的智慧与正直,但是表现在外面的,却是冷漠严肃、不拘小节、自度自了的罗汉相。而常人往往认为阿罗汉就是一副装疯卖傻、不修边幅的憨态,其实皆冤枉了阿罗汉,错认了阿罗汉的真正面目。以下分为四点来说明阿罗汉的意义,使大家认识阿罗汉的真正风貌。

(一) 阿罗汉的风姿

阿罗汉的风貌并不是癫痴憨傻，反而是非常注重威仪庄严的，从跟随佛陀出家修道的弟子们来看，或者以佛陀的十大弟子为例，阿罗汉各有不同的风姿，有的如满腹经纶的学者，有的像文质彬彬的绅士，有的似温文儒雅的君子，大部分都是威仪堂堂、风度翩翩。譬如《金刚经》中所提到的须菩提尊者，他那谦和、忍让的德行，及发诸于外的修养德行，一看就知道是圣者的风姿。比如当须菩提安坐在一处，别人请他坐到别处，他立即坐到别处去；刚一落座，又有人叫他坐回原位，他也不以为忤地回到原位坐下。有时站着，有人叫他坐下，过了片刻，此人又叫他站立，他始终心平气和地随顺他人的意思行止，毫不计较。这种忍辱无争的风度，不正是圣者的榜样吗？

生活在今日纷扰烦嚣的大众，更应该学习须菩提尊者的忍辱谦和，才能安和乐利地过日子。譬如我们搭乘公共汽车，当有人争先恐后地抢着上车，让他先上，表现我们宽容的气度；骑摩托车、驾驶汽车，不要逞一时之快抢车道，退让一步，不但可以确保自身的安全，并且可以影响他人，提高社会的道德风气；在家庭中，父母、夫妻、亲戚，有利益时，彼此不要贪求争夺，应该让给对方，不意气用事，不斤斤计较，以表修养。

或许有人会怀疑佛教是要人处处忍让、吃亏的宗教，其实不然，佛教有时也告诉人要勇敢争取，只是佛教认为该争取的不是个人的声名利益，而是争大众的利益，争国家民族的存亡兴盛。

富楼那尊者是佛陀诸大弟子中,非常善于说法的大阿罗汉,他经常往来于各地,宣说佛陀的教义。有一天,他恭敬地向佛陀辞行,说他打算到北方的偏僻地区——蛮荒未开的输卢那国布教。佛陀听了,赞许他的弘法热忱,然后委婉地说:"富楼那,那个地方文化未开,民风暴戾,老百姓野蛮粗鲁,弘法布教很困难,你最好不要前去。"

富楼那信心百倍地回答:"正因为输卢那国的人性凶恶,人民知识浅薄,弟子更要前往将佛法传给他们。"

"话虽如此,但是当地的人民,不但不接受你的佛法,还会破口恶骂你。"

"佛陀,他们骂我,又不痛不痒,只要他们不打我就好了。"

"万一他们用棍棒、瓦石打你呢?"

"那也没有关系,只要不将我打死,让我一息尚存,我还是能宣扬如来的圣教。"

"如果他们穷凶恶极地把你打死呢?"

富楼那意志坚决,毕恭毕敬地回答佛陀:"佛陀,即使他们把我打死了,也没有遗憾!我身为您的弟子,有机会将生命供养佛陀,为真理而牺牲,我将衷心感谢输卢那国的老百姓完成我弘道的心愿。"

富楼那尊者这种大勇无畏的风貌,哪里是退缩消极的避世者呢?我们处于横逆频仍的今日,要学习富楼那的精神,为了国家民族得以延续生存,历史文化得以宣扬弘大,即使把生命贡献出来,也是值得的。

在常人的观念中,阿罗汉一定是个终日眼观鼻,鼻观心,静坐无为，不管人间诸事的自了汉。事实上，阿罗汉是充满热情与活力的，如佛陀的弟子目犍连尊者。有一次，外道为了阻碍佛陀到某处说法，把佛陀必须经过的一座桥梁破坏，目犍连于是运用神通，将系于身上的腰带，化成一道桥，让佛陀平安无阻地到达彼岸，留下"宝桥渡佛"的美谈。后来他为了解救五百释迦族的生命，违背了佛陀所立的"不得施展神通"的教诫。他这种卫道护法、甘冒呵责的热情与风范，让几千年后的我们深深敬佩不已。

还有阿难陀尊者所呈现的温和谦让的美德，忍受批评诽谤的雅量；迦旃延尊者善于议论的无碍辩才，令邪说遁隐，圣教显扬，都是令人钦佩的。阿罗汉的风姿是什么样子？是谦逊、是温和、是勇敢、是热情、是活泼、是积极进取的圣贤风姿。

（二）阿罗汉的性格

东西有它们不同的性能，人类也有异于其他动物的性情，同样地阿罗汉也有超乎常人的性格。证得果位的阿罗汉们，大多是从忍辱、无争、少欲中发扬清净的佛性，表现崇高的德性。从舍利弗尊者的事迹里，可以了解阿罗汉的忍辱是多么可爱。

佛陀的弟子们经常跟随佛陀到各处行脚、布教。在众多的弟子中，有圣贤者，也有风度较差的愚痴比丘。有一次，大家随着佛陀出外布教回到祇园精舍时，自私的六群比丘抢占上等床铺、坐位。贪图安逸原为人之常情，但是六群比丘的这一番争抢，把首座长老舍利弗的床铺也占去了，尊者无奈，只好沐着清凉的夜露，盘腿坐在大树之下。夜半时，佛陀起来巡视，看到月光朦胧的树影下，端坐着一个人，于是问道："是谁坐在那里？"

"佛陀,是我舍利弗。"

"舍利弗,你怎么不在室内安息,而在树下静坐呢?"

舍利弗尊者谦逊地回答说:"佛陀,今天来精舍的人很多,房间都住满了,我在树下禅坐,也是一样的。"

佛陀座前智慧第一的弟子舍利弗尊者,对于后辈师弟们蛮横不合理的行为,都能慈祥地包容礼让,无怪乎佛陀一再赞美他的人格高超。

又有一次,舍利弗尊者带领比丘沙弥们出外托钵乞食,回到精舍,佛陀问当时还是小沙弥的罗睺罗托钵情形:"你们今天出去托钵乞食,都非常顺利吗?"

"佛陀,信徒把甘美的食物都供养给大阿罗汉,信徒是不会以美食供养我们小沙弥的。"佛陀一听,非常惊讶,于是把长老舍利弗叫来:"舍利弗,今天你受了不净食,是真的如此吗?"

所谓"不净食",是托钵乞食时,不平等行乞。舍利弗听了佛陀的话之后,运用神通,把吃下去的东西全部吐出来:"佛陀,我所食用的就是这些,我不敢违背您的教诫,行乞不净之食。"

舍利弗尊者虽然受到后辈小沙弥的冤枉,却能以长老的心量宽恕他们,遭受佛陀的指正,也毫无不平之气,总是感恩地接受教导。

具有阿罗汉性格的人,非常注重仪表的庄严、行为的安详,一举一动,讲求中规中矩、不缓不急,有些更是表现出拘谨严峻的样子。佛陀成道后,有一次回到祖国——迦毗罗卫国,刚好逢到剃头的时候,大家想找一位理发师来为佛陀理发。

贱族的首陀罗族中,有一位理发师名叫优波离,也就是后来佛陀十大弟子中持戒第一的大弟子。他的理发技术高明,遐迩闻名,有人举荐他为佛陀理发。优波离一听到要为至尊至贵的佛陀理发,惶恐万分,推诿不敢前去,跑回家中,把事情一五一十告诉母亲。他的母亲劝他:"佛陀是大智大觉的圣者,他不会看轻我们首陀罗族的,我陪同你去亲近佛陀吧。"在母亲的鼓励和支持下,优波离像个怯场的小孩子,诚惶诚恐地去为佛陀理发。

优波离小心翼翼地拿着剃头刀,聚精会神地剃着佛陀的头发,一旁陪伴的母亲问佛陀:"佛陀,优波离替你理发,你觉得他的手艺怎样?"

"他的腰身好像过于弯曲。"

大概优波离想到对方是佛陀,因此不敢掉以轻心,特别恭敬谨慎,身体就弯曲下来。现在一听到佛陀说他腰太弯了,赶快集中精神,挺直起来,而进入初禅的境界。剃了片刻,优波离的母亲又问:"优波离现在的样子好不好?"

"现在身体似乎又太僵硬挺直了。"

优波离一想,不能太紧张,赶紧放松身心,一心一意剃头,当下就进入二禅的境地。过了一会儿,他的母亲又问了:"佛陀,现在优波离怎么样啦?"

佛陀说:"一呼一吸,出入息太粗重了。"

优波离急忙调整呼吸,使声音不致太大,过于粗鲁,均匀平和,于是进入三禅的功夫。他的母亲接着问:"佛陀,优波离现在又如何呢?"

佛陀赶快对身旁的弟子说:"优波离现在一念不生,已经进入四禅的境界,你们赶快将他手中的剃头刀拿下,扶助他,不要让他倒下。"众人赶紧将手持剃头刀、进入禅定中的优波离扶下，以免发生意外。因为证得一念不生、四禅境界的人，他的心已逐渐和虚空相应，不再为形体所分别运转。

优波离由于个性拘谨细腻，做事求精求好，在剃发中就能证入四禅，后来出家求道，成为佛陀的首座弟子之一。优波离虽然出身贫贱，但是进入佛陀所创立的僧团，四姓出家，皆为沙门释子，再也没有贵贱和贫富之别。从优波离的出家、证果，乃至后来成为佛陀十大弟子中持戒第一的大弟子，可知佛陀提倡的是打破阶级、种族，真正平等的宗教。

任何一个社会，任何一种行业，要达到完全平等是很困难的。贫富如何平等？智愚如何平等？老少如何平等？在社会各种环境中，从事各种行业，过着种种的生活，要求一律平等当然不容易，但是不管男女老少、高下贫富，到了佛陀的法座之前，人人平等无别；即使有不同，那也是个人修行、发心上的"平等示差别"。

除了优波离尊者表现出拘谨的性格，阿那律尊者的自制也是甚为严谨。有一次阿那律尊者到一户人家托钵，恰逢天色已晚，灰蒙欲雨，只好投宿此人家中，刚好这家人都外出，只留下一位貌美的少女看家，少女看到阿那律尊者英俊的仪表，怦然心动，百般献出殷勤表示爱慕，虽然美色当前，但是尊者心如冰山，不为所动，并且开导少女，引度她出家，从此阿那律尊者发誓不再投宿世俗人的家中。证得阿罗汉果的人，对于物质恬淡知足，对于情爱欲望也能自持疏解，过着一种法胜于情的无欲生活。

阿罗汉虽然断除种种烦恼，看透世间种种虚妄，但是有些阿罗汉所表现的执着，尤其是法执，有时也是牢不可破的。譬如佛陀的弟子大迦叶尊者，喜持头陀苦行，往往着粪扫衣，日中一食，或在冢间、或于树下，观无常苦空之法。年纪渐渐大了，也不以风餐露宿为苦。佛陀体恤他，几次要他回到精舍修行，大迦叶虽然恭敬佛陀，但是对于修习苦行，却不肯轻易放弃，他请求佛陀允许他继续修习头陀苦行，以激励坚毅的心志，庄严自己的道业，智德圆满的佛陀，也很圆融方便地成就他的心愿。他这种择善固执、据理力争的态度，比起一般没有原则，随波逐流的泛泛之辈，是多么的可爱！古人说君子无所争，但是为了真理的完成，君子会坚持到底。阿罗汉的性格是无争、忍让、知足少欲，却热心坚守求道的立场。

（三）阿罗汉的修行

阿罗汉的修行入道，因人而异，各种情形不尽相同。有的和佛陀初见面、一交谈，就证得阿罗汉果，如佛陀最后度的弟子须跋陀罗；有的修行了几十年也不能开悟，如佛子罗睺罗。原因是罗睺罗自恃是佛陀的孩子，有一颗贡高我慢的傲心，平等的佛法无法流入他的心中。等到数十年后，他把这颗慢心消除不生，和大众同行同出，平等一如时，才终于开悟。

《阿弥陀经》中十六大阿罗汉之一的周利盘陀伽，尚未开悟时是个愚笨无比的人。他和哥哥一同出家，哥哥气恼他的笨拙，经常打骂，有一次他又因愚蠢惹哥哥生气，挨了一顿打，站在路旁号啕大哭。恰巧佛陀路过，看到他一个人伤心地啼哭，问他：“你为什么哭呀？”

"我哥哥打我！"

"为什么打你呢？"

"因为我笨,不能领会他的教导,他再也不理睬我了。"

"没有关系,我来教你,你跟我来。"

佛陀于是耐心地亲自教导他,但是周利盘陀伽确实愚笨透顶,四句偈教了半天,一句也记不住。佛陀只好运用善巧,想办法启发他:"你每天都做些什么事呢?"

"扫地。"

"那你以后就边扫地边念'拂尘除垢'这四个字,好好用心地扫吧!"

刚开始时,周利盘陀伽就连四个字也记不牢,但后来他扫地扫久了,心地慢慢明朗起来。他想扫帚是用来拂尘除垢的,外面的肮脏、垃圾,可以用扫帚来扫除,心中的污秽、尘垢要用什么来扫除呢?当然是要用佛法来清净心中的贪瞋痴啊!他的心就像拨开云雾的月亮,顿时放出了皎洁的光明,最后终于大彻大悟,成为大阿罗汉。由此我们可以了解佛陀度众的方便是多方面的,佛陀是最善于观机逗教的圣者。

佛陀的弟子们,以种种的法门,修行入道,有的观想四念住而证得果位,所谓"四念住",就是将念头安放在四种问题之上:(1)观身不净——我们的五蕴色身,七窍九孔,包藏脓汁汗垢,极为不净。(2)观受是苦——观照一切的感受苦多于乐,即使有快乐也不长久,归根究底还是痛苦。(3)观法无我——观世间一切法,万事万物,没有一件为我所拥有。(4)观心无常——我们的心,如江海波涛,一波将息,一波还起,变化无穷。如此将心安放在这四个问题上,久而久之可以开悟。

有的观三法印而入道,所谓"三法印"就是:(1)诸行无常;

(2)诸法无我;(3)涅槃寂静。观此法门也可以开悟得道。有的人则修持五停心观以证悟,所谓"五停心观"是:(1)以不净观对治贪欲;(2)以慈悲观对治瞋恨;(3)以因缘观对治愚痴;(4)以念佛观对治烦恼;(5)以数息观对治散乱。

阿罗汉修行的方法有很多种,譬如阿那律尊者以八法来约束自己的身心:(1)多欲非道,少欲是道;(2)愦闹非道,隐处是道;(3)放荡非道,制心是道;(4)多念非道,定意是道;(5)无厌非道,知足是道;(6)懈怠非道,精进是道;(7)自私非道,为公是道;(8)愚暗非道,智慧是道。除了上述或适用于个人,或普遍为大众所采取的种种修行法门,另外还有四种方法:

1. 密护于根门——如果我们能够让眼耳鼻舌身意,听从我们随意使唤,就是最善于统理六根的人。有时和他人交谈,总责怪对方不听我们的话,其实最不服从我们的,是自己的六根。比如把眼睛闭起来,心想不随便睥睨外物,但是听说世界鼎鼎大名的明星来了,忍不住好奇,偷偷地瞧她一眼;听到美妙的音乐,能不神往倾听吗?眼前放着一盘色香味俱佳的珍肴,能不食指大动吗?不想看的却要看,不想听的偏去听,不想吃的倒吃了,一切由不得自己主宰。如果要成为阿罗汉,首先自己要有力量,把自己的六根管理好,不让它们放逸出轨。

2. 饮食知节量——一般宴会喜庆,总是看到主人殷勤地劝客人多吃一点,再添一些,其实这是害了对方,而不是为对方着想。如果对方是小姐,小姐们喜欢拥有窈窕的身材,你叫她多吃,只有害她长胖。即使是苍颜白发,不必顾虑身材胖瘦的老人也不可以劝他多吃;现代的科学告诉我们,适量的饮食,可以延年益寿,保持健康。修道的人，饮食有节制，身体自然健康，智慧也能灵敏。记得我小时候到私塾念书，一早起来，总是先把书背好，然后再吃早饭。未吃早餐前的头脑最为清醒，有道是脑满肠肥，只会使人失去灵性。

3. 勤修寤瑜伽——瑜伽并不如常人所想象一般，充满法术，而是一种调和身心的方法。譬如衣服穿得宽松，睡觉是右胁而卧，临睡前洗洗手足，心中常常观想光明的境界，利用此法来训练自己。如果训练纯熟之后，虽在睡眠中，也可以详知周遭诸事。

4. 依正知安住——真理就是真理，真理非自圆其说的我知我见，而是放诸四海而皆准的公平言论。我们要以正知正见为准绳，依正知正见而安住身心，自然能轻易地进入阿罗汉道。

阿罗汉的修行方法，尚有其他种种法门，多则为八万四千细行，简单而言，则为四圣谛、十二因缘或三十七道品等类别。总之，依个人根器不同而拣择契机者，加以实践力行，离道就不远了。

(四) 阿罗汉的等级

我们求学过程中有小学、中学、大学、研究所等不同的阶段，阿罗汉依修行境界的不同，也分有四种等级：初果阿罗汉、二果阿罗汉、三果阿罗汉、四果阿罗汉。

初果阿罗汉，译为须陀洹，又名预流果，或称入流、逆流，也就是逆生死之流，而入圣贤之流。初果阿罗汉仍须七次降生人间，七次出生天上，生了又死，死了又生，经过七番生死，才证得阿罗汉果位。预流果的阿罗汉已经断除我见结、戒禁取结、疑结等三结，明了四圣谛的道理，而得到无漏的清净法眼，再也不堕落三恶趣。

二果阿罗汉,译为斯陀含,又名一来果。还须一生天上,再来人间受生一次,故称一来果。

二果阿罗汉虽已断除前六品的修惑,但是尚有少量的贪瞋痴三毒。

三果阿罗汉,译为阿那含,又名不来果、不还果。此果的阿罗汉已经断除欲界修惑九品中的余三品,不再来欲界受生,而生于色或无色界,故称不来果或不还果。

四果阿罗汉,即阿罗汉果,意为应供、杀贼、无生。应供者,应受人间供养;杀贼者,即杀除烦恼诸贼;无生者,永久进入涅槃境界,不再于迷惑的人间受生。阿罗汉果是声闻四沙门果中,最终的理想境界,再无他法可学,因此又称无学果。此果已经断除一切烦恼,无论行住坐卧、衣食语默,或者人情来往上的处世接物,乃至个人的毁誉得失、衰老病患等,在这一切的境界上都能提起正念,时时照顾,永生安住在解脱的境界之中。

怎样知道已到达阿罗汉的境界?这是可以试验的,阿罗汉必须具备四个条件:

1. 对三宝的信仰不变异。
2. 对根本佛法的四谛、三法印不怀疑。
3. 对根本大戒杀盗淫妄饮酒不违犯。
4. 对一切的众生不会生出伤害的心。

具备了这四个条件,才可以说此人已拥有阿罗汉的资格。再明白说,要做一个阿罗汉,先决的条件,对佛法要依教奉行,对世间要能放下。能够放下世间的名闻利养、感情爱欲之后,出世间的佛法才能和我们相应。阿罗汉所以能证果,就是对世间能看破、放下，自然能在出世间法中得到大自在。

二、阿罗汉的生活

阿罗汉的生活和我们一般凡夫是不太相同的。他们清晨起来，就披搭袈裟到檀越的家中托钵。托钵乞食法在原始佛教僧团里，是每日必行的修行之一，僧伽们双手捧钵，不分贫富，不拣精粗，无论净秽，向信众次第托乞日用所需，让一般人能够种植福田。

托钵乞食有别于世俗上不事生产的乞讨生活，含有很深的道理含义。沙门向世间的人托钵，接受他们物质方面的供养，并为他们讲说佛法，一为财布施，一为法布施。信众以物质供养沙门的色身，沙门则以佛法长养信众的慧命。托钵使佛教和社会，产生密切关系，使佛教的真理能够散播于人间，而不是少数人退隐山林的调剂品。

沙门在托钵时，次第乞食，主要在培养平等心、忍辱心，对于对象的贫富、食物的甘美粗劣，不敢妄生差别，且以惭愧心接受信施，以慈悲心将佛法还施于信施。借由托钵制度，在佛陀成道住世的49年中，宣说了无尽的妙法，度化了不少的大众。如今我们中国佛教，由于民情、风俗、气候的不同，不行托钵之制，和人间脱离了关系。其实从佛陀推行托钵乞食之法来看，佛法应是属于社会的、大众的。

阿罗汉们的生活态度不尽相同，如须菩提专门向富贵之家行乞，原因是富者生活有余，向他们行乞，不会造成他们的负担，并让他们继续为来生的致富播下福田的道种；但大迦叶则专向穷苦的人行乞，理由是让贫者今生种下福田，免除来世再受贫穷之果。两者的作风不同,各有其方便,但在佛陀看来,都有偏执,不合中道精神。从佛陀所订的次第乞食法,可以领略出佛陀倡导中道的用心。

托钵乞食之外,晏坐习禅也是阿罗汉每天很重要的功课之一。阿罗汉喜欢在林中或寂静的地方禅坐,譬如佛陀当初领导诸弟子在迦兰陀竹林的精舍中修行,在尼拘陀树林中教化弟子如何冥思宇宙的真理。其他如阿那律、跋提、劫宾那三位尊者,结伴在波利耶沙罗林中共同修持佛道,过着和合无争的生活。阿罗汉有时也在水边禅坐,如在恒河边或尼连禅河边,或者在洞窟里观想,譬如十大罗汉中的伐那婆斯尊者,终日坐在岩洞里,世间的喧嚷、烦恼都被远隔在洞窟之外,侵扰不了他的心;又如优波先那比丘尼在岩洞中证悟空无自性,虽然被毒蛇咬啮,却毫无痛苦,安详地进入涅槃。

有些修行十二头陀的阿罗汉,更远离愦闹,在渺无人烟的冢间旷野晏坐,并且胁不就席,行不倒单,如大迦叶尊者,终年累月参禅于白骨累累的坟间,不以为苦。

晏坐习禅,是对自己真如佛性的一种观照,在心念荡涤尽净之后,平等一如的法性智慧才能够显现出来。禅定是进趋佛道、证悟菩提的必修门径,是沙门一种自内证的自受用。在禅坐中沙门或是持种种观想,或是念佛、念法、念僧,念佛陀的慈悲、功德、牺牲、圆满;念法的普遍、平等、智慧;念僧的和乐、清净、忍辱戒行,策励自己也能和三宝的功德相契合。阿罗汉除了内修禅定的生活,在僧团中奉持戒律,不可犯戒的生活也是很重要的一环。"戒"好比国家有国法,学校有校规,为了维护僧团的清净,佛陀也制定了不少戒律来安住弟子们的身心。只是国法校规是来自于外在的强制规定,而戒律是发诸内心的自我约束反省。

经上说:"不怕无明起,只怕觉照迟。"戒的精神,不在束缚身心,而是在不侵犯大众的情况之下,自己也能够得到更大的解脱与自由,因此持戒不重在个人,而重在大众。又凡夫俗子,难免有放逸犯过的时候,如果能够时时警惕自己,使不再犯,就善莫大焉。因此戒律不在不犯,而重在能否至诚恳切地忏悔。在僧团里常常实行布萨、说戒,使阿罗汉对人生有所警觉,不敢放逸;对自己有所不满,常行精进;对生死有所厌离,不生贪着,时时以慈悲喜舍四无量心来守持杀盗淫妄四戒,护守清净的戒体。

在阿罗汉当中,优波离是奉持戒律最严谨的一位。精进求法的人,对于持戒清净的优波离,都能恭敬礼遇,但是一些行为放荡不拘的人,对于一丝不苟的优波离就不欢迎了。好比顽皮的学生,总是讨厌训导老师的管教一样。如偷兰难陀比丘尼,不喜欢优波离的严肃,有一次听说优波离要到此地举行忏摩法,赶紧将门窗紧闭表示不欢迎,并且当面恶骂优波离,骂他请佛陀制定种种戒规,使他们不能纵心所欲、为所欲为,增加他们生活上的困扰。虽然僧团里也有这些愚劣不冥的人,但是大部分的僧伽都能持戒不违。

事实上,戒律能否奉持,对于僧团的清净慧命有莫大的关系。俗话说:"物必自腐而蛆蚀之,人必自侮而人侮之。"佛教僧团的败坏,固然有外来因素,但是真正使佛教衰微的,还在佛教内部本身。因此若要僧团永久存在,必须僧伽持戒清净;持戒生活实在是阿罗汉超凡入圣的钥匙。

阿罗汉若要进趣无上佛道,听闻佛陀的开示,是不可或缺的法门。尤其根据佛经上记载,我们娑婆世界的众生,耳根特别的灵敏,佛法容易透过听闻,进入八识田中。所谓闻思行证,听闻了佛法,才知道如何思辨行为的善恶,发为正行,证得圆满无上的佛果。在原始佛教的教团里,阿罗汉每天都能聆听到佛陀演说正法,无怪乎证果悟道的人众多,览今抚昔之余,多么让人歆羡!

阿罗汉平日皆在僧团中过着团体共修的生活,有时候也会单独到各地行脚参访。譬如十大弟子,经常行脚到各地弘法利生:富楼那尊者常常行云流水般行脚于各地,布教度人;优波离尊者也往来各地宣扬佛陀的戒法;佛陀自己也为了度化众生,有时早晨在迦毗罗卫国说法,晚上又到了摩羯陀国,席不暇暖地行脚于全印度,把他的慈悲无止尽地施给待救的众生。

阿罗汉为了求法、弘法,不厌辛苦地行脚弘化,有时则和同参道友们参禅论道,这些都刻画出阿罗汉多彩多姿的生活内容。另外,陀骠尊者夜不眠宿,持着灯火,为晚间行脚的比丘照明,并为他们挂单服务,这种注重道情、无私无求的法爱,也是阿罗汉生活的写照。

在台湾的佛教,和佛陀时代的阿罗汉有些不同。虽然平时我们不行托钵乞食,但在佛光山有一项规定:"早晨不可以不吃早餐。"清晨早起,和大众一起过堂,念供养咒、吃早饭,一天的生活就开始纳入轨道。饮食作息正常,身体自然健康,修行或办道都不成问题;从内涵来看,也是因应佛陀托钵制度的现代方便法门。佛光山建设朝山会馆,方便远途的信众餐宿,也是本着驮骠尊者方便求法者的精神,让更多的人,能够进入佛法大海。

三、阿罗汉的争论

跟随佛陀出家的弟子中,勤奋于道业,正知正见的圣贤比丘固然很多，而顽强好争的愚痴弟子也有。佛教好比大海，有蛟龙潜居在深处，也有不少鱼虾遨游在浅水滩上，佛教不舍弃任何众生，更显出其慈悲深广。在龙蛇混杂良莠不齐的僧团里，罗汉之间也难免有种种的争论。有一次，佛陀为了让比丘们生惭愧心，决定暂时离开僧团，到忉利天为母说法。佛陀去了忉利天之后，大家好像失怙的孩子，昼夜盼望，好不容易三个月过去，佛陀回到人间的日子终于来临了，弟子们争先恐后地去迎接佛陀，有一位莲花色比丘尼，一马当先，抢在众人之前迎接到佛陀，她兴高采烈地顶礼佛陀说："弟子莲花色第一个迎接佛陀您的归来！"佛陀却笑着回答他："莲花色，第一个迎接我回来的人并不是你，而是须菩提。"大家非常诧异，因为须菩提尊者并没有来迎接佛陀，佛陀怎么称赞他是迎接佛陀的第一人呢？原来须菩提在灵鹫山的洞窟中缝衣，听说佛陀回来了，从观照诸法空性的甚深般若中，和佛陀的法身相应，真正地迎接到佛陀遍一切时、遍一切处的真如法身，因此佛陀赞叹他是第一个见法迎佛的人。阿罗汉所争的不是个人的得失宠辱，而是和真理是否相应的迫切大事。

就如阿难陀尊者是僧团中公认性情温和、处世无争的人，即使受到别人的侮辱诽谤，阿难陀也忍耐地不加辩驳。但是当他的哥哥提婆达多背叛佛陀，引诱五百比丘脱离僧团，破坏和合僧，并且持棒棍想伤害佛陀时，平日温和谦让的阿难陀，终于无法再忍受下去，他和哥哥争执起来，提婆达多看到一向温驯的弟弟，正义凛然地责骂自己，只好悻悻然地带领徒众回去，不敢有所蠢动。后来舍利弗尊者亲自来到提婆达多的僧团里，展开激烈的论战，把受诱惑的五百弟子又带回佛陀的僧团。证果的阿罗汉平日无所争，不为衣食供养、名利权势而争,但是一旦正法遭到破坏,阿罗汉为法为教,是不惜生命力争到底的。

证果的大阿罗汉已经断除了我执我见,但是有些未开悟的沙门,我执我爱仍然非常强烈。譬如有一次佛陀在俱睒弥说法时,弟子们起了强烈的争执,佛陀于是为他们宣说长生童子不报父仇,以慈止怨的典故。好比一块良田当中,虽然有几棵稗草,但是无碍累累果实的成长,平坦的大道上,虽然有些许的瓦砾,无阻光明前程的完成。同样的,在佛门里,佛弟子毕竟是未成佛的佛弟子,要求每一位佛弟子都成为圣贤,是不可能的。

在阿罗汉的争论当中,必须一提的是富楼那尊者对大迦叶尊者所提出的食法八事之争。佛陀涅槃之后,首座弟子大迦叶领导大家在耆阇窟山主持第一次经典结集。富楼那闻讯,披星戴月地赶去参加,对于大迦叶禁止食法八事,表示抗议,坚决提出论争。所谓食法八事指:内宿、内煮、自煮、自取食、早起受食、从彼持食来、杂果、池水所出可食物等八事,在年岁饥馑、食物难觅时,可以方便行之。但是大迦叶所领导的长老上座们坚决反对,加以禁止。传说富楼那尊者等年轻开放的一派,另外于洞窟外举行结集,而为日后佛教分为上座、大众二部根本分裂的滥觞。

后来阿罗汉们各自认为自己所传承的佛法,是最合乎佛陀本怀,而有了种种不同的见解,论争愈演愈烈,终于形成二十部枝叶分裂的部派佛教时代。

综观阿罗汉的争论,有别于世间的纷争。世俗的纷争乃为名誉、利益而争,并且以打倒对方为能事,这是一种强烈的我执我爱。而阿罗汉的争论乃欲显扬自己所受持者,是宇宙至真至上的真理,此为知见不同而产生的法执。真理愈辩愈明,阿罗汉之间没有凡夫之间的钩心斗角,甚至置人于死地的恶毒心肠,阿罗汉所表现出对法的执着,有时也不失他们的可爱。

四、阿罗汉的修养

阿罗汉的圣果是需要长久修行才能完成的,好比世间上一件完美无瑕的艺术品,也要经过艺术家呕心沥血加以锤炼,才能成为不朽的作品一样。在南传的《弥兰陀王所问经》中,记载着成为人天师范的出家人,必须具有二十二个资格,如忍耐、柔和、惭愧、无执着、精进、正行等,都是沙门必须遵守的。以下介绍阿罗汉如何修养他们的言行,调整他们的身心。

佛子罗睺罗尊者出家之后,在佛陀耐心且严厉地调教之下,从一个顽皮无知、娇生惯养的王孙,渐渐成为温和谦让的沙弥。罗睺罗是僧团中第一位沙弥,当时僧团中有一项规定:一室只能居住一人,尤其沙弥更要礼让年长比丘。有一次罗睺罗去听佛陀说法,恰巧从外地来了一位比丘,管理寮房的比丘,于是把罗睺罗的衣单拿出门外,让给这位做客的比丘安住。罗睺罗回来一看,自己的房间被比丘占去了,想到佛陀平日的教诫:沙弥应该尊敬比丘,沙弥当行忍辱。他不敢辩驳,眼看乌云密布,山雨欲来,只好到厕所去避雨。不料大雨倾盆而下,躲在洞中的黑蛇,顺着沟道,渐渐游行至罗睺罗身边,眼看尊者生命危在旦夕,幸好佛陀及时救护。佛陀于是制戒:沙弥可以在雨夜和比丘同一室共宿。罗睺罗如此幼稚垂髫之龄,就能委屈自己,礼让他人,而毫无一丝怨恨之念,实在令人感佩。

又有一次,罗睺罗跟随师父舍利弗尊者去托钵,半途遇到一位凶恶的少年,把沙石放在舍利弗尊者的钵中,并用棍棒打罗睺罗说:"你们沙门口口声声讲慈悲,行忍耐,我打破你的头,看你能怎样?"罗睺罗的头上,鲜血一滴一滴地流下来,但是他没有回手,默默地走到水边,掬取清水洗去斑斑血迹。尊者以世间最大的力量——忍耐,来折服恶少的骄横。忍辱的力量,可以摧毁固若金汤的傲慢,可以销融坚如铠甲的蛮横。暴力只能挫人之口,不能服人之心,唯有忍耐、柔和,才能令人心悦诚服,衷心爱敬。阿罗汉就是以无比的忍辱来庄严自己的道业。

阿难陀尊者跟随在佛陀的身边二十多年,侍奉佛陀的起居生活,是听闻佛陀圣教最多的弟子。但是佛陀涅槃后,大迦叶尊者领导大众结集经典时,却不让多闻的阿难陀尊者参加,因为他尚未证悟阿罗汉果,恐怕对圣教不能如实地领略。虽然大家极力举荐阿难陀尊者,但是在大迦叶尊者的坚决反对下,加上阿那律尊者也持同样的看法,平日甚得人望、对僧团有左右力量的阿难陀尊者,只好忍耐,不敢有所异议。阿难陀尊者受到长老们的压抑后,当夜加紧用功,进入甚深禅定,终于开悟证果,显神通进入会场,参加结集。

以阿难陀尊者当时在僧团的声望、影响力,他遭遇到打击,不但不反抗辩解,反而以谦和的心怀接纳下来,越是能成为大器者,其动心忍性的修养越深,将来的成就也越无法限量。其他如舍利弗尊者静坐园中,度过漫长黑夜,对于别人侵占其坐榻丝毫不以为忤;富楼那尊者勇赴蛮荒布教,虽遭遇迫害也甘之如饴,不灭弘法悲愿。对于圣者而言,一切的横逆、困厄,不能挫其弘法利生的心愿,只能使他的修养更成熟、人格更完美;这一切正是成就道业的逆增上缘。

五、阿罗汉的教化

佛陀成道后,49年间在恒河两岸不断地说法,救度在生死流中浮沉的众生。佛陀的弟子阿罗汉们也效法佛陀,在印度各地宣扬佛陀的圣教。以下举例论述阿罗汉如何教化众生。

迦旃延尊者是佛陀弟子中最善于论议的首座弟子。有一次尊者路过某处,看到一位老妇人蹲坐在水边,忧愁满面地哭泣着。尊者上前询问老妪为何如此伤心?原来老妇人家贫如洗,因为生计困难而忧郁不已。尊者于是教老妇人行布施之道,把贫穷卖给他。人生的富贵荣禄,是由布施种植福田而来,如果能对他人广修财法等供养,自然能去除贫穷之因,享受富贵之果。尊者教老妇人用钵盛水,以至诚欢喜心供养他,老妇人以此供养功德,得生忉利天享受快乐。尊者就是这么一位善于就近取譬,观机逗教,而能启迪迷津的圣者。

目犍连尊者经常以神通为方便,帮助佛陀降伏外道,引度不少信众,并增加他们对佛法的信心。有一次僧伽们聚集在一起,互相交换彼此学佛的心得体验,目犍连为了让沙门对佛法生起大信心,运用宿命通说出七佛通偈:"诸恶莫作,众善奉行;自净其意,是诸佛教。"目犍连尊者以寥寥数句偈语,把三世诸佛的无量佛法,阐扬殆尽,使学佛的人能够脉络分明地把握佛法的旨趣,而进入佛法大海之中。只要我们不造恶业,努力行善,时时保持心地的清净,就离诸佛菩萨不远了。目犍连可说是一位最善于弘扬圣教、化导有情的圣者。

六、阿罗汉的感情

佛教称人类为有情众生，是因为人类具有情识活动，我们最关心感情的事，尤其是男女之间的感情，更为大家所津津乐道。阿罗汉有没有感情的问题？阿罗汉没有男女的爱情，却有着浓厚的法情，他们经过净化以后的感情，很纯、很美、很有意义。

佛陀未出家时的妃子耶输陀罗，后来也跟随佛陀出家，证得阿罗汉果。耶输陀罗的年纪和佛陀不相上下，到了她78岁那年，听说佛陀80岁要涅槃，心里想着：我就和佛陀一同涅槃吧！继而一想：不行！我未出家前是佛陀的妃子，现在剃发染衣，成为他的弟子。如果和他一同涅槃，是大不恭敬的，可能会引起不必要的闲言闲语。算了，我还是提早涅槃好了。耶输陀罗打定主意之后，安详地来向佛陀辞行，表达提早涅槃的心意。佛陀非常慈和地对她说："你有这样的心意修养，我为你庆幸祝福。"开悟后的耶输陀罗，对佛陀有的只是无染的尊敬之情，而不是一般夫妻间的贪恋之爱。

阿难陀尊者是佛陀的侍者，相貌庄严，人人喜爱。经上描写他："面如秋满月，眼似净莲花，佛法如大海，流入阿难心。"容貌庄严、性情温和、聪明伶俐的阿难陀，是世俗女子追求的白马王子。为了女众，阿难陀尊者不知道遭遇多少风语流言，而阿难陀尊者本身也是最维护女众的。

在最初的僧团，佛陀本来不允许女人出家，但是佛陀的姨母大爱道带领许多女众，要跟随佛陀出家。佛陀为了维护僧团的清净，叫阿难陀拒绝她们,要她们回去。一生都恭敬服从佛陀的阿难陀尊者,却违逆佛陀的指示,为女众向佛陀请求,佛陀受阿难陀及大家百般请求,终于答应接受女众出家,僧团中才有了比丘尼。阿难陀尊者对于女众有的只是纯洁的法爱,没有丝毫贪染的爱欲念头。不过,女众也给阿难陀带来不少的麻烦。

有一次,一位檀越做了许多糕饼供养比丘,比丘分食之后,还剩下许多,佛陀告诉阿难陀尊者,集合附近的贫苦人家,把糕饼分给他们。阿难陀尊者依照指示每人分给一块糕饼。不巧分到一位美丽的少女之前,两块糕紧紧地粘在一起,分不开来,只好将粘着的两块糕,同时给了少女。一些好事的人,就到处绘声绘色地传播流言:"庄严多情的阿难陀喜欢年轻貌美的女郎,不然,怎么会分给她两块糕呢?"阿难陀尊者百口莫辩,跪在佛陀座前,向佛陀表白心迹:"弟子业障如此深重,僧团中的是非都为我一人而起。男女爱欲真是烦恼的根本来源。佛陀平日教导我们要远离爱欲,实在有非常深奥的道理。"佛陀听了阿难陀尊者一番痛切的体悟后,安慰并教导他:"你平日除了多闻之外,也要重视戒行,如果戒行清净严格,闲话就减少了。"

僧团中有些净化过的感情很可贵,那是一种只求奉献,不存占有对方的纯真感情,那是一种只求众生得到安乐,不冀回报的完全牺牲。阿罗汉的感情是广泛地施给每一个人,而不是特定的某一对象。这种超越男女占有欲的法爱,显得更美丽、更升华!

譬如大迦叶尊者看似冷若冰霜,却有着真挚的热情。他和貌若天仙的妻子妙贤,度过了12年有名无实的夫妻生活,最后一起跟随佛陀出家。妙贤由于拥有倾国倾城的姿容,有时托钵会遭到恶人调戏，大迦叶尊者于是将托乞回来的食物分给她食用，并激励妙贤精进修行，证悟正道。这种胜过夫妻之情的道情法爱，才是人生最珍贵、最真挚的感情。其他如莲花色受了外道的收买，企图以美色迷惑目犍连尊者，尊者不但没有被诱惑，并且以神通度化莲花色，使其皈依佛陀出家，成为比丘尼中神通第一的弟子。阿罗汉不是没有感情，而是扬弃男欢女爱的享乐，追求无贪无私的大慈悲。

阿罗汉表现在男女方面的是净化、转化、升华的法情，表现在人伦来往的又是什么样的感情呢？阿罗汉并不是故意矫枉过正，不要感情的人。佛陀常称自己是大阿罗汉，佛陀本身就是感情非常纯厚的人。有一次夏日安居中，远处的僧团有了纠纷，佛陀派优波离尊者前去排解，优波离尊者推辞地说："佛陀，请您派他人去止争吧！"

"你为什么不去呢？"

"佛陀，那儿多雨，地方又远，必须住宿，而比丘只能带一套袈裟，万一下了雨，一时不容易干，衣服沾在身上，很重而又很难受。"

佛陀思索一下，又问："从这里到那里往返需要多少时日？"

"去程要两天的时间，调解纷争至少也要两天，回来又要两天，一共需要六天。"

佛陀于是召集大家，指示在夏日安居中，六天之内，沙门可以拥有两套袈裟。佛陀一方面统理僧团，使它成为清净和合的团体，一方面也顾及生活上真正的需要。在人事上看到为法勤劳不懈的弟子，总是很体恤他们的辛苦，解决他们的困难。

从佛陀的弟子身上，我们看到阿罗汉的性格、风范、修行、生活态度及感情处理等，了解到真正的阿罗汉为了学道求法，会严厉地自我要求；为了弘法度众，会无私地奉献自己的大慈悲。而他们虽然生活俭朴，却处处给人欢喜和方便；虽然清心寡欲，却有着浓厚的道情法爱。可以说阿罗汉展现的即是福慧圆满的求道者的精神。

1979年11月8日讲于台北"国父纪念馆"

菩萨的宗教体验

只要我们能涵养慈悲的性情，发萨提心，
学习菩萨坚忍无我的精神，修持六波罗蜜，
有心成为菩萨，那么人人都是菩萨。

　　提到菩萨，往往会令人联想起供奉在寺院里的泥塑木雕，或是纸上画的，用铜铸的菩萨圣像。一般人心目中总以为菩萨是具有呼风唤雨、点石成金的能耐，是见首不见尾，能保佑发财的神明。其实，菩萨并不是神，他既不是高高在上，也不是冥冥不可知的，菩萨不在远处，菩萨就在你我的身边。菩萨更不是被供奉起来，让人一味膜拜的偶像，真正的菩萨，应是在你我之间而富有救度六道众生的慈悲胸怀的人。

　　明朝的蕅益大师，是明末四大高僧之一，他持戒严谨，对于佛教清净宗风的振兴，有不可磨灭的功劳，是一位德行高超的比丘。但是，他却不以"比丘"自居，而自称"菩萨"。又如近代的太虚大师，有中兴佛教的悲心慈愿，但他那"比丘不是佛未成，但愿称我为菩萨"的宣言，可见菩萨好叫，比丘难称。再如近代发愿要证得肉身不坏的慈航大师，他在世时，喜欢别人称呼他为"菩萨"；他圆寂之后,肉体果然不坏,大家为了尊敬他,都称他为"慈航菩萨"。

由上面的例子,我们知道凡人也可以做菩萨,只要你有"上求佛道,下化众生"的发心,就是"发心菩萨"。对初发心的佛弟子称为"初发心菩萨",甚至居士们,也有以"某某菩萨"互相称呼的。可见"菩萨"一词,并不仅仅限于所谓的菩萨圣像,菩萨也可用于对人的尊称,也就是说,有心趋向觉道的人,都可称为菩萨。

太虚大师说:"人成即佛成。"意思是说,要成为德行圆满的"佛陀",必须从"人"做起。人乘的佛教,就是菩萨的佛教,人人发心,人人可为菩萨,与孟子所说"舜何人也,禹何人也,有为者亦若是"的道理是相同的。当然,菩萨是有等级的,所谓十信、十住、十行、十回向、十地等五十级,五十级以上就是等觉,如观音、文殊等菩萨即是。在菩萨学园里,好像学生一样,有小学、中学、大学等,虽然同称学生,程度毕竟不一样。如何才能成为真正有程度的菩萨呢?以下分为几点来说明:

一、菩萨的性格——无我与慈悲

我们信仰宗教,必须具有宗教的性格,佛陀之所以会成为宇宙第一的觉者,主要是基于他那慈爱众生、悲天悯人的性格;阿罗汉之所以成为阿罗汉,也是由于他具有厌离世俗、向往涅槃的根器。而天下万物各有其性,人的性情亦然,有的平易近人,乐善好施,有的冷若冰霜,离群索居。因此,到底具有什么性情的人才能成为菩萨呢? 菩萨性格又是什么呢? 就是无我与慈悲,因为有无我的精神,才能有慈悲的胸怀;有慈悲的心怀,才能有无我的智慧。

菩萨,梵文为 bodhisattva,音译为菩提萨埵,略称菩萨。菩提

(bodhi)意即"觉悟",或指"正觉的智慧"。萨埵为"有情"或"众生",一般将菩萨解释为"觉有情"或"大道心众生"。觉有情又包含两层意思:一者指能够精进向上,追求无上菩提的"觉悟的有情",也就是自受用、大智慧的完成,为"求道的菩萨"。一者指能够修种种波罗蜜,普利三根,"使众生觉悟的圣者",也就是他受用、大慈悲的显现,为"化生的菩萨"。

由上面所说,可知菩萨一方面怀抱有阿罗汉出离尘寰、追求真理的出世性格,一方面也充满佛陀悲悯众生、救拔倒悬的入世热忱,是介于自度自了的阿罗汉与自觉觉他的佛陀两者之间,为"上求佛道,下化众生"自利利他的圣者。

菩萨最大的特征,在"慈悲"二字。菩萨,同声闻、缘觉一样,也要修行、断惑才能臻于解脱之境,他和阿罗汉(即指二乘之声闻、缘觉)最大的不同在于菩萨富有无量大慈大悲的性格。当菩萨看到众生受痛苦煎熬时,慈悲之心油然而生,而发出拯救众生出离三途之苦的大愿,不像阿罗汉看到世间的纷扰与生死轮回的痛苦时,便生起畏惧厌恶之心,只求早日出离娑婆,证入涅槃。

因此,在佛教中,通常称菩萨之道为大乘,称阿罗汉之道为小乘。大乘、小乘是取自大、小舟舆之义,即以大船(车)、小船(车)代表菩萨与阿罗汉的不同精神;菩萨以大船帮助众生渡过苦海,阿罗汉则自乘小船脱离苦海,目的虽同,精神则有分别。菩萨由于具有慈悲的性格,也就富有人饥己饥、人溺己溺的大乘精神。故知慈悲正是推动菩萨实践利人利己的大乘佛道的原动力。

慈悲,是一切佛法的根本。佛陀弘法49年,讲经300余会,有三藏十二部的经典,都是基于一念的慈悲。慈,是"与乐",给与众生大乐、人乐、涅槃乐三种法乐。悲,是"拔苦",拔除众生轮转于三恶道的大苦。大慈,能伏治众生诸病;大悲,能抚恤众生诸苦。菩萨对众生的慈悲有如严父慈母一般,有求必应,甚至不惜牺牲自己。他的大慈大悲如同太阳之普照大地,照抚一切众生,无微不至,并且是源源不断,取之不尽,用之不竭的。菩萨随顺众生的需要,运用他的般若智慧,发挥他慈悲的力量而普度众生;最典型的代表就是大慈大悲观世音菩萨。

观世音菩萨的大慈大悲是众所周知的,他以无比的悲心,发下十二大弘愿以度脱五浊恶世的一切众生。他随时随地驾着慈航,席不暇暖,运用神通方便,往来于各地,寻声救苦;只要众生发出求救的声音,观世音菩萨没有不及时应现,及时洒下甘露的。他为了随顺众生,应病予药,而示现种种法身,有时为诸天,有时为八部;或者现妇女相,或者为童男身;有时携鱼篮,有时骑蛟龙,有时住紫竹,有时持杨柳……即是所谓的三十二应身,随处示现,救苦救难。这种随缘而化的道行,是菩萨从无我大悲的圆融性格中所流露出来的。

更进一步地说,在菩萨的性格里,由于充满慈悲的本质,因此,在菩萨的心中,没有个人,只有众生的存在。众生需要什么,菩萨都会毫不吝惜地付出;无论是钱财、产业、妻子、儿女,甚至耳目、肢体、肝脑、生命,也毫不怨恼地施舍。

譬如本生谭中记载佛陀在菩萨因地修行的时候,出生为王子。有一天,和二位长兄一同出游,在深山草丛中,发现一只刚刚产下七头小老虎的母虎,由于体力透支过甚,气息奄奄,危在旦夕;而那些初临世间的小虎儿,则嗷嗷待哺。王子看到这一幕,恻隐之心油然而生,决心舍身救虎。他支开两位兄长,从高处跳下深谷,准备让老虎吞食。但是母虎由于气息微弱,无法咬动坚硬的躯体。王子慈悲心切,以尖锐的竹片割破自己的咽喉;霎时,血流如注,王子忍痛爬至母虎的身边,让母虎吸食自己温热的血,终于挽回老虎母子的性命。慈悲,使王子忘记死亡的恐惧,甘之如饴地付出生命,菩萨就这样发挥了无我的精神。

此外,在本生谭中还记载有佛陀前生出世为国王,慈爱人民,乐善好施,在全国各地广设救济所,大行布施,甚至割肉喂鹰,以救一只白鸽的故事。凡此种种,无非是告诉我们:菩萨由于富有浓郁的慈悲性情,悲悯一切众生,包容众生的一切愚痴罪业,甚至牺牲、忘我,乃至无我,颇有"若为众生故,一切皆可抛",至死无悔的大无畏精神。

《法华经》上说:"以大慈悲力,度苦恼众生。"菩萨经过累劫的修行,一切烦恼都已断除,一切梵行均已成办,本来可以证得清净涅槃,然而菩萨为了怜悯众生,不住涅槃,不断生死,乘愿受生六道,怀抱慈悲,广开甘露法门,转无上法轮,甚至为了救拔三途中的有情而发愿出生恶趣。譬如地藏菩萨,当他看到地狱中被熊熊业火烧炙的众生,便发起"我不入地狱,谁入地狱"的决心,立下"地狱未空,誓不成佛"的誓愿,只要有一众生仍在地狱,绝不成佛证果!

综观上述所言,我们不难明白菩萨之所以成为菩萨,正由于其慈悲的性格。"慈悲",是菩萨度化众生的原动力,是大乘佛教的基本精神,这种精神从无我的智慧中产生,其力量无以伦比!假使我们能拥有一二分的"菩萨心肠",相信社会必定能减少许多纷争,并增添祥和之气。

二、菩萨的思想——般若与空性

菩萨除了涵养慈悲,还要具足般若智慧。也就是说要有思想、有智慧的慈悲,而不是不分青红皂白一味地滥慈悲。好比有人嗜赌成性,正苦无赌本之际,若施以钱财,则只有害了他;爱之适以害之也。换句话说,慈悲须伴随智慧,才能助人向上、向善;慈悲不是助纣为虐,徒然令人堕落的小恩小惠;更不是滥施同情的妇人之仁。慈悲如两足,遍行各地,般若心则如同双目,能辨明真伪、发现真相。慈与智,必须两者兼备,始能成就菩萨之行。

所谓"般若心",是指对世间的能所、物心、主客等差别相对的现象,观彻其虚妄性,泯除物我对待的执着所产生的"无分别智",即是宇宙与我同在,众生与我一体的"空性"。从世俗的眼光来看,这世间充满高低、贫富、秽净、愚贤的种种差别;但是,若就般若智慧的立场来看,这些千差万别的现象,皆由缘生而空无自性;宇宙的万有,物心也好,主客也好,性本空寂,二而为一,这就是法界一味,差别即平等的理事无碍境界。

菩萨若至此境界,则众生对菩萨而言,不再是心外的存在,众生即心,心即众生,于是众生的悲喜苦乐,就是菩萨的悲喜苦乐;众生的生死轮回,就是菩萨的生死轮回。因此,众生生病,菩萨亦因而染疾;众生无明造业,菩萨亦代为受苦。又由于无分别智般若空慧的推动,菩萨视众生如己子,刻不稍缓地投入世间,积极地清净众生的罪业,而产生了"大悲清净世间智",达到事事无碍的法界。

如此,有了无分别智的大智力,可以修证无上菩提,如实无谬地化导众生;有了清净的大悲心,才能积极有效地救度愚痴。大智力是上求菩提的自利往相,大悲心是下化众生的利他还相;自利即利他,利他即自利,往相乃还相,还相亦往相,智目悲足两者相辅相成,缺一不可,是二而一、一而二,为菩提心(思想)的主要内容。

更具体地说,菩萨为了证得般若空慧,往往发大深心,尽形寿,舍身命地去追求。在《南传大藏经》中记载佛陀前生,曾有一世是婆罗门,名为善慧,秉赋纯良,喜闻佛法,常恭敬地供养三宝。当时,正燃灯佛应化于世的时代,有一天,善慧闻知燃灯佛要到自己所住的村落来说法,喜悦万分,为了不错过这旷劫难逢的因缘,善慧决定前往听法。但是在交通不便的穷乡僻壤,道路是崎岖难行的。善慧自忖:"佛陀乃是世间的圣者,岂可让沼泥沾污了佛陀的双足?"于是,善慧脱下自己的衣裳,铺在佛陀经过的道路上,并且散开头发,匍匐在肮脏的泥路上,让燃灯佛以及他许多阿罗汉弟子从自己的身上踏过,无限欢喜地来迎接佛陀。当善慧抬头看到燃灯佛庄严圆满的法相时,内心发出赞叹:"天上天下无如佛,十方世界亦无比,世间所有我尽见,一切无有如佛者。"乃发誓从今而后驾慈航拯救众生,以求证同燃灯佛一般的正果。善慧这种求闻正法的精神,使他早弥勒菩萨九劫成正等正觉。

又如常啼菩萨,在《八千颂般若经》中载有他求道的感人故事:常啼菩萨深感于善知识的难逢,苦于无法听闻正法,获得般若智慧,常忧悲难禁,潸然泪下,所以大家称他为常啼菩萨,或是常悲菩萨。他经常跋山涉水访求名师指点迷津,后来听说在东方500由旬远的众香城,有一位世不二出的善知识——法上菩萨,善于演说佛陀的清净正法。常啼菩萨欣喜之余决定前往求法,并且打算卖身供养法上菩萨。于是,他一路上叫着,却无人问津。最后,突然出现一位大汉,要买他的四肢或心脏、骨髓当作牺牲祭品,常啼菩萨求法心切,遂割下自己的手腕卖给对方。此事被当地富商的女儿知道后,十分感动,乃备办了500辆珍品宝物,跟随常啼菩萨到众香城。后来,常啼听法上菩萨说到"如来不去亦不来,空性即如来"时,豁然开悟,立时进入甚深三昧,而游于浩瀚无垠的般若智海之中。

由善慧与常啼菩萨至心求法的例子,可以了解般若空慧的珍贵与难得。《大品般若经》上说:"般若波罗蜜,是诸菩萨摩诃萨母,能生诸佛法故。"对菩萨而言,般若的修持是重要的功课,好比婴儿吸吮母亲的乳汁,渐渐长大成人,菩萨也摄取般若的醍醐法味,渐渐成为果净圆满的圣者。获得般若空慧之后,可以泯除污秽,到达自性清净的无心世界,发露无我相、无人相、无众生相、无寿者相等的当体即空的境界。

慈悲是实现菩萨行的原动力,慈悲又分众生缘、法缘、无缘等三种;若是配合般若空慧,则能不住众生相、法相而行人我二空的"无缘大慈,同体大悲",因此,佛经说般若波罗蜜是三世佛母。

在诸佛的国土中,住有许多菩萨眷属,帮助佛陀教化众生,有的大慈大悲,有的具足般若智慧。其中尤以胁侍大士最为世人所知,为家喻户晓的菩萨。例如在娑婆世界中帮助释迦牟尼佛的是文殊师利菩萨与普贤菩萨;在西方极乐世界,陪同阿弥陀佛接引众生的有大势至菩萨与观世音菩萨;在东方琉璃世界,协助药师如来的有日光、月光二菩萨。其中又以文殊、大势至、日光三菩萨为含具般若智慧的大士,他们或骑着雄狮四处弘法,或以智慧之光戳破无明,或手持日轮普照众生,都是佩有大智慧的利剑,可以说他们都是断尽一切有漏烦恼的菩萨。

菩萨以大智慧照见五蕴皆空,彻悟诸法空性,不生染着爱想,住于实相。不过,菩萨由于慈悲,不忍舍弃众生。为了满其本愿,往往还来世间行化,奔走于三界之中,虽明知诸法实空,没有能度的我,也没有可度的众生,仍然热心地"启建水月道场,大作空华佛事,降伏镜里魔军,求证梦中佛果"。总而言之,菩萨之大智是为了实践大悲,大悲是为了完成大智,两者运用自如,则可以圆满成就无上菩提,那个菩提是即世而离世,离世而又即世的。

三、菩萨的精神——坚忍与精进

现代是个讲求效率,讲究速成的科技时代,如飞机、宇宙飞船、电脑、快餐、方便面、活动房子等,都是讲求"速成"之下的产物。然而,从没有听说过人格是可以速成的,也没有听说树木可以在朝夕之间长成的,所谓"十年树木,百年树人",毕竟有的东西是无法速成的。若要学得一技之长,非得费三年五载的工夫不可。而菩萨追求佛道,更是如此,没什么终南快捷方式可寻,不历经累劫多世的修持是无法成就的。

在奥林匹克世界运动会中,马拉松式的长跑竞赛,最足以考验运动员的耐力与毅力。菩萨在普化有情,追求佛道的过程中,也是这种马拉松式长跑精神的显现。佛经上曾说,菩萨要经过三大阿僧祇劫的修行,勤持种种法门之后,还要历经一百劫,庄严三十二相和八十种好,积聚菩提道粮,才能成佛。换句话说,在真理的道路上,菩萨必须一步一步耐烦地、坚忍地前进不懈,历经长期的考验,始能成等正觉。也就是说,菩萨必须具有刚毅坚忍、勇猛精进的精神。

菩萨这种持久的忍耐、不求速成、精进不懈的精神,是怎么来的?就是来自菩提心的确立。《菩萨地持经》说:"菩萨种姓,发菩提心,勤行精进,则能疾成阿耨多罗三藐三菩提。"菩提心是一切诸佛的种子,是长养净法的良田;能洗涤一切烦恼垢,能铲除众生的无明障。菩萨有了菩提心,好比拥有舒软的床铺,可以安稳众生五毒的身心。有了菩提心,菩萨能不畏佛道的遥远,远离三有而处于真理法海之中;能不捐弃众生,常在生死海中,以大愿之船普度众生。这种普度众生的菩提心,就是坚忍与精进的精神。

总之,菩提心一旦确立,则一切正愿亦因之开始,实在是一切菩提道种的根本,大悲法行的依据。菩萨若是忘失菩提心,则不能饶益众生。《华严经》说:"忘失菩提心,修诸善法,是名魔业。"因此,欲修学大乘菩提道者,一定要发菩提心。善财童子遍参53位善知识之后遇到弥勒菩萨,弥勒菩萨告诉他的仍是要先发菩提心,因为一发菩提心,即可得到诸佛的护持,开启大乘悲愿之门,是声闻缘觉所不能及的,可见发菩提心的重要。

什么是菩提心?就是"上求佛道,下化众生"的心,莲宗九祖省庵大师有感于时人的好逸恶劳、忘失道念,撰写《劝发菩提心文》,劝导世人当念十种因缘而发菩提心。

所谓十种因缘,即是念佛重恩、念父母恩、念师长恩、念施主恩、念众生恩、念生死苦、尊重己灵、忏悔业障、求生净土、念正法久住。在《发菩提心经论》中则说菩萨要依思维诸佛、观身过患、慈悯众生、求最胜果等四种因缘而发菩提心,以修习无上菩提。也就是要效法佛陀做大丈夫,发大勇猛,舍身命财宝,求一切智;常观四大五蕴如梦幻泡影,悲悯众生之造恶业而不自觉,乃发誓愿上弘下度之心;能够如此,就是发菩提心了。

菩萨发心是伟大的,菩萨的坚忍与精进非一般人所能及,但菩萨并不是万能的、神化的;菩萨也是人,是一个发菩提心的人,是一个坚忍与精进的人。

在佛经上有一则佛陀对大众说法的记载:一般人对佛陀的教导都能欢喜信受,唯独有一人将头转来转去,听不进清净的妙法,任凭佛陀运用神通,现广长舌,无限慈悲地谆谆教诲,都无法疏通这个顽强者胸中的茅塞。因此佛经上说,佛有三大不能:(1)不能灭定业;(2)不能度无缘;(3)不能尽众生界。

然而,众生虽如虚空般无量无尽,且有无缘不能度者,但诸佛菩萨却能持续不断,精进忍耐,知其不可为而为之,努力不懈地做永远无法完成的工作;他们所发的菩提心也和虚空一样,是无穷无尽的。他们的菩提心像喜马拉雅山上解冻的春水,涓涓不息地流着,等待因缘成熟时,便要化解众生冰冻已久的心灵。

《法华经》中,有一位常不轻菩萨,修持忍辱。看到任何人都毕恭毕敬地合掌问讯说:"我不敢轻慢你们,你们将来都会成正等正觉。"有些没有信仰的外道,不但没有回礼,反而破口大骂,甚至用棍棒瓦石打他。常不轻菩萨总是不加还手而避到远处,口中仍恭敬地说:"我不敢轻慢你们,你们是未来的佛陀。"由此可知,在菩萨心目中,众生皆有佛性,只是被无明覆盖而不自觉。好比摩尼宝珠掉入污泥中,一时失去光明。因此菩萨在无量劫中,发菩提心,生大慈悲,以无比的耐心,常行恭敬,来唤醒众生对自性清净心的觉悟。

又如阿弥陀佛在前生为法藏菩萨时，发下四十八大愿，愿以无上菩提心庄严国土，只要他的国土中有一众生未发菩提心，不得无生法忍，则不取正觉。因此，在阿弥陀佛的极乐世界中多为不退失道心，一生补处的菩萨。

总之，菩萨的精神是始于确立菩提心，以至刚毅坚忍、勇猛精进而持久不退的，是无法速成的。而发菩提的大愿心，正是转凡成圣，迈向诸佛菩萨世界的第一步。

四、菩萨道的实践——循序到永恒

有人说佛教既是宗教也是哲学，是什么道理呢？佛教有三藏十二部的经典，汗牛充栋，教理高深，对于宇宙人生的现象有精辟独到的阐发，有别于其他只能信仰不许怀疑的宗教，因此说它是哲学。但是佛教虽然如哲学一般具有严密的理论架构，却不仅止于对形而上学的探究，而特重道德伦理的实践，因此说它是宗教。佛陀本身即是注重道德实践的鲜明例子，因为他在证悟之后，一再强调"诸恶莫作，众善奉行，自净其意，是诸佛教"的法要，希望众生自道德实践中，净化自己。

当佛陀遇到外道提出形而上学的问题时，通常默而不答，譬如有名的"十四问难"即是如此，因为玄学上的思辨问题，只是文字戏论，无补于烦恼的解脱，无益于实际的人生。佛陀重视实践，佛教是一个重视躬身实践的宗教，也是充满伦理性质的哲学。更进一步说，大乘菩萨道的实践，正是佛陀根本精神的实践。

大乘菩萨道的实践同我们求学一样，是循序渐进的。如前所言，菩萨学园是由幼儿园的小朋友至小学生、中学生、大学生乃至研究生,菩萨道的修行,由烦恼的凡夫而至四向四果的阿罗汉,到断除烦恼习气的等觉菩萨,乃至功德圆满的佛陀境地,都有一定的次第。菩萨的境界也因实践功夫的深浅而有不同,即使是登地的菩萨,也还有欢喜地、离垢地、发光地、焰慧地、难胜地、现前地、远行地、不动地、善慧地、法云地等十地的分别。而且进入初地欢喜地的菩萨,方称为地上菩萨,在初地之前的为地前菩萨。地前菩萨要实践三十七道品方能离凡趋圣。

所谓三十七道品,又称三十七菩提分法,即是四念处、四正勤、四神足、五根、五力、七觉支、八正道,为调治恶行、长养善法,断除无明、庄严法身以进至菩提的资粮。这三十七道品是原始佛教以来即受重视的修行要目,即使修至十地的菩萨,仍要勤持不懈。

除此之外,菩萨还要修持布施、爱语、利行、同事的四摄法。其中,布施又分财布施、法布施、无畏布施三种。在行布施时,要持施者空、受者空、施物空等"三轮体空"的观想,不以自己为能施者,而泯除我执;不以对方为受我惠者,消除对待之心。如此心无挂碍,不求回报,不计多少,根除法执,才是真正的布施。

爱语,是由慈悲的心肠中所流露出来的温和亲切的言语;《法华经》中曾赞叹龙女"慈念众生犹如赤子",爱语好比慈母温柔慈爱的语言,能消弭纷争,化暴戾为祥和。菩萨若做到"口中无瞋出妙香"的境界,则是爱语的境界。

利行,是利于众生的行为,为大乘菩萨道所不可欠缺的德目,布施、爱语两者,均是为了达成利行的实践功夫。三国的刘备临终时,曾留下"勿以恶小而为之,勿以善小而不为"的遗言,因为不积小善无法成就大德,即使功德已经圆满的佛陀,也不舍弃小善的。

小善既不容忽视，更不用说是利生的大行了。

同事，是指设身处地以应身教化的方便，譬如观世音菩萨三十二应身而观机逗教，贪欲心重的教化他行不净观，瞋恚心强的引导他修慈悲观；对农夫讲庄稼事，对妇人说家常话，这种方法与孔子因材施教的教学精神是相通的。总之，这四种摄受众生法，是实践菩萨道必修的课目。

另外，在实践菩萨道上，最重要的是六波罗蜜与十波罗蜜。六波罗蜜又称六度，即度化众生到涅槃彼岸的六种方法。其中布施、持戒、忍辱是利他的福德资粮，精进、禅定、般若三者则是自利的智慧资粮。实践六度，便能福慧双修，通达诸法妙谛。关于布施，前面大致说过，这里特别强调的是菩萨对众生施与财、法、无畏的布施波罗蜜时，必须富有"功成不居"的精神，发挥到极致，则与老子所说"己愈为人己愈有，己愈与人己愈多"的境界是相同的，也就是说布施到最后，反而会感到自己拥有的越多，乃至无所不有。

至于持戒，可以对治恶业，有止恶的摄律仪戒、行善的摄善法戒、利他的饶益有情戒等三聚净戒。持戒波罗蜜首重存心，若是外面守戒如仪而内里存心不良，阳奉阴违，不算是持戒；若是外行方便而内犹守戒，则不算是破戒。譬如六祖惠能，当他隐于山中与猎人同住时，吃的是肉边菜，然而却不妨碍他的修行。持戒最好内外如一，无终食之间违"戒"，则造次必于是，颠沛必于是。最初持戒时往往感到动辄触禁，等到积久成习，乃至从心所欲不逾矩时，即是持戒的最高境界了。

忍辱波罗蜜，是对治瞋恚，安住身心的方法。行忍辱，可以化干戈为玉帛，《阿含经》中有不少这一类的故事。历史上有韩信的忍胯下之辱，由于忍辱，激励他成为一代名将。又如越王勾践，为了复国而卧薪尝胆，其间曾为了取得吴王夫差的信任而尝粪辨味，忍人所不能忍，难怪他能再中兴复国，忍辱力量之大是不容轻视的。菩萨在实践布施、持戒、忍辱三种波罗蜜之后，还要精进力行，不生退转之心，始能进至禅定，乃至彻悟而得般若波罗蜜，此时，欲成就无上菩提就非常容易了。

其次，所谓"十波罗蜜"，是就前面所说十地修行的法门而言，即指布施、持戒、忍辱、精进、禅定、智慧、方便、愿、力、智等十种，前六者是前面所说的六波罗蜜。方便，为菩萨上弘下化时的种种权巧施为。愿，指菩萨于追求佛道时所发下的本愿，如普贤菩萨的十大愿、药师如来的十二大愿、观世音菩萨的十二大愿、文殊菩萨十八大愿、法藏菩萨的四十八大愿。此外，"众生无边誓愿度，烦恼无尽誓愿断，法门无量誓愿学，佛道无上誓愿成"的四弘誓愿，则为菩萨的共同愿行。誓愿，使菩萨充满力量、智慧，而无怨无悔的实践菩萨道。

菩萨在三大阿僧祇劫中，修持三十七道品、四摄法、六波罗蜜，乃至实践十波罗蜜，渐渐超凡入圣；自初发心的菩萨而至久发意的菩萨，而至阿鞞跋致不退转的菩萨，而至一生补处的菩萨，并以一百劫庄严相好，三祇圆满福慧，终而登上等觉佛地。所以，菩萨道的完成，实在不是一蹴而就的，必须循序渐进，内外如一，经久不断地修持，才能一阶一阶地登升上去，其间每一阶段的完成，都是永恒的喜悦。

总而言之，要成为菩萨，说难不难，说容易也不太容易，不过可以确定的是：菩萨也是凡人做的。只要我们能涵养慈悲的性情，发菩提心,学习菩萨坚忍无我的精神,修持六波罗蜜,有心成为菩萨,那么,人人都是菩萨。

1979年11月9日讲于台北"国父纪念馆"

我的宗教体验

数十年来,我凭着一颗至诚恳切的心以施为舍,
以忍辱为力量,在佛教中安住了下来,
每天饱餐佛法的醍醐美味,这就是我的宗教体验。

我出家已逾一甲子,这60多年来的佛教生活,不论是参学、修行、或是弘法办事,有一些酸甜苦辣的感受。常有人问我的宗教修行、宗教体验。古人说:愚者千虑,也有一得。因此,我分几个阶段来说明我个人的宗教体验。

一、幼年期的宗教熏习

我出生在苏北一个神佛信仰混合的家庭里,大概从我三四岁,略懂一些人事开始,就受到浓厚的宗教熏陶。

我的外婆18岁开始吃素,和我外公结婚以后,仍然精进不息。每天清晨都起床做早课,她目不识丁,却能背诵《阿弥陀经》《金刚经》等经文,并且有一些奇异的生理反应,她自以为修得神通,更是努力修持。我和姐姐从小受到外婆的影响,因此,在我三四岁时,就和姐姐比赛持斋。当时年幼无知,不了解中国佛教之所以注重

素食的道理,吃素只是为了讨外婆的欢喜。

我的童年,是和外婆同住。每到半夜三更时分,她就起床静坐,打坐时,肚子会发出翻江倒海似的哗啦哗啦的响声。我经常从睡梦中被吵醒。于是问她:"外婆,您肚子的叫声怎么如此大呢?"

"这是功夫,是修炼以后的功夫。"

我也深信这是功夫,后来也常接触到普遍于民间信仰的巫术,譬如神道、扶乩、观亡灵、走阴司等等。我有一位三舅母还参加大刀会、花兰会,并且持咒、讲法术,虽然表面上是参加宗教活动,实际上却是抗日组织。听说咒语一念,刀枪不入,只要拿木棍、铁棒,就能抗拒敌人。我们这些小孩子,基于好奇心,对这位具有超人能力的舅母特别恭敬,整天跟随她,希望她传授功夫给我们。她告诉我们:要学习神明附体,自然有神奇的力量。如何才能神明附体呢?她自称有法术,只要咒语一念,神明就附于身上了。对于这一点,我始终无法相信,我的三舅父,更是反对她这种神奇怪异、故弄玄虚的举动,常常呵责她。我们小孩子不懂事,有时也学三舅父的口气揶揄她。

记忆中,有一次吃晚饭的时候,大人们都外出不在,我们一群小孩,围绕着她说:"舅母,您常说有神明来附体,到底是什么神明?还不是草头神!"她莞尔一笑,没有回答。但是过了一会儿,忽然把摆碗筷的桌子一翻,全身抖动起来,口中发出异于平日的老妪语调说:"我是梨山老母,下了凡尘,你们触犯了我,快跪下来忏悔!"

三舅父是民兵大队长,是我们小孩子心目中的英雄好汉,从小我也以小英雄自许,心想这一跪,就失去了英雄的威武,但是心中又害怕这个神明,想跪又不愿意跪。正在进退维谷的时候,三舅父回来了，看到这个情形，拿根棍子要打三舅母："什么神明又来了？"他们夫妻开始抢那根棍子。说也奇怪，平常柔顺谦和的三舅母，忽然力量变大，健壮的三舅父几乎抢不过她。如此僵持了一段时间，三舅母突然打了一个呵欠，悠然醒来，若无其事地说："发生了什么事？"这时候，任凭三舅父数落，她都温和贤淑，毫无怨言。我从小就在这种民间信仰浓厚的家庭之下长大。后来出家了，对这种奇异的行径，虽然有一点不以为然，但是也不激烈地全面否定。

我12岁出家，一直在各处丛林参学，过了七八年才再度回到家乡。回到家里，外婆正坐在一棵树下做针线，我坐在她旁边，不由忆起儿时情形，心想：外婆的功夫是肚子能发出巨响，但是几年来，我遍参不少才德兼备的高僧大德，却不曾听说肚子会叫的，今天要借此机会向外婆讨个说法。于是，我打开话题说："外婆，您的肚子还会发出响声吗？"

"这种功夫怎么会消失呢？"老人家信心十足地回答。

"这肚子的叫声，究竟有什么用呢？譬如汽车的引擎、飞机起飞的声音，比起您肚子的声音还大，它们也只不过是机器发动的声音。您肚子的声音对于人类的道德，并不能提升；对于生死的解脱，并没有助益。我在外参学，见过不少有修行的高僧，可是从来没有人肚子会叫的呀！"

年过古稀之龄的老外婆，听了之后，很严肃地愣了半天，才说："那么，修行应该怎样才正确呢？"

"修行应该从人格的完成、道德的增长做起；修行是明心见性的功夫，而不在于肚子是否能发出声音。"

她听了这一席话之后，以慈祥的眼光，静静地注视我良久，但是我心里却难过起来。老人家勤奋修行了数十年,甚至修练到具有异人功夫的境地。肚子会叫,对生命的升华虽然于事无补,但是因此使她对宗教产生坚定的信仰,是不容否认的。我这一番话,使她对自己数十年的修持,产生了动摇,失去了信心。我看她若有所失的样子,实在于心不忍;她那怅然若失的神情,至今犹存脑际。

就在那一天,她当面嘱咐我:她过世以后的百年大事,儿媳不得过问,一切交给我处理。外婆在她有生之年,最后仍然选择了正确的信仰。

后来,我随缘来到台湾,关山远隔,家乡的音讯杳渺,外婆委托过我,而我亲口承诺的事,也无法尽一份为人子孙的心意,对于老外婆,我一直深深地感到歉疚。因此我初到台湾,对于神道教弥漫充斥、信仰复杂不纯的社会,虽然有心去净化、匡正,但是并不极力去破坏深植于民间的神道信仰,因为那是初信的基础,不失为引导初机者入信的方便。

举例说,二十多年前,我到宜兰弘法,宜兰的南方澳、北方澳,从来没有出家人去布教,是没有佛教传播的地方。那里有一间小庙宇,供奉着妈祖,当地的老百姓经常去烧香膜拜,香火不断。老百姓没有接触过佛法,不知道正信的佛教是什么,他们认为自己是拿香祭拜的,都以佛教徒自居,不肯接受基督教或天主教的传教。他们所信仰的并不是纯正的佛教,但他们的内心却对佛教产生坚定不移的信念。

过去在我的故乡,几百里路看不到一个治安人员,几县相连也没有法院,社会民风纯朴,犯案很少。老百姓如果有什么纠纷,就相约到城隍庙、土地庙,烧香、发誓,甚至赌咒,谁是谁非,问题自然迎刃而解。城隍庙、土地庙,在他们的心目中,比法院、警察局还值得恭敬。宗教的力量,使他们心悦诚服地接受裁决。这种被某些人讥讽为迷信的信仰,对于安定人心,维持社会安宁等方面,却提供了不可忽视的贡献。

我的童年受到这种浓厚的宗教信仰的熏习,当时虽没接触真正的佛教,但是宗教移风易俗、劝人向善的思想,深深地影响了我,在我小小的心田中,种下了日后出家学佛的因缘种子。

二、参学中的贫淡生活

出了家必须参学,这是每一个出家人养深积厚必经的过程,我也不例外,而我的参学生活是贫苦的。

我有一位伟大的师父,他是南京栖霞山寺的住持——志开老和尚。我在外参学,几年也见不到他一面,更遑论亲近请益。即使偶尔见面了,他像其他师长对待晚辈一样,对我不是凶吼一顿,就是指责一番,从来不曾问我短缺些什么。十年之中,师父只给我两套衣服,我也不敢向父母要钱做衣服,每次写信回家,总是报喜不报忧:"师父待我很好,我日子过得很好,请你们不要挂念。"

有时写一封信向母亲报告平安,信写好了,却没有办法投递。甚至去年写好的信,等到今年都寄不出去,原因是连一张邮票的钱都筹不起来。有时衣服破了,就用纸缝缀一下;鞋子坏了,鞋底没有了,就用硬纸垫补一番;袜子缺了,就捡别人的破袜子,因为不容易捡到相同的颜色,记忆中,我脚上所穿着的两只袜子,颜色总是深浅不同。

我的身体还算粗壮,在十年的参学生活中,得过两次病:一次是牙齿蛀坏了,吃饭时,常常不小心饭粒塞进蛀洞,刺激到微细敏感的神经,痛彻肺腑。虽然如此,仍忍耐了两年,不敢要求看医生,每天吃饭,不敢细细咀嚼,深怕触及痛处,总是囫囵吞下去。

又有一次,得了疟疾,寒热煎熬,极为难受。在丛林里,是生病也不准请假的,仍然要随众参加早晚功课。我每天支撑着虚弱的身子,随着大家作息,大约折腾了半个多月,疟疾终于好了。不知怎的,我生病的消息传到了家师耳中,当时他在佛学院当院长,遣人送给我半碗的咸菜,我接到这半碗咸菜,感动得不能自已,含着满眶的热泪把它吃下去,心中立下志愿:"伟大的师父!您知道我有病呀!我永生永世跟定了您,誓必使自己不辜负您的愿望,把色身交托给佛教,把生命奉献给众生。师父!我一定要把出家人做好!"

在物质充裕的现代人来看,半碗咸菜算得了什么,但是在我看来,那是一碗充满关怀、爱护,溢于言表的师恩。从小我就有"滴水之恩,当涌泉相报"的个性,别人对我有一点小恩惠,我总想以生命相献来报答他。

数十年前的中国社会,经济没有今天的发达,寺庙里也没有富足的生产,加上粥少僧多,物质奇缺。当时我挂单的寺院,一共住了400多人,由于经济拮据,半个月才能吃到一餐干饭,并且还是掺杂着杂粮煮成的。每天早晚吃的稀饭非常稀薄,和水一样的清淡。下饭的菜,不是豆腐渣,就是腌萝卜干。萝卜干里,经常看到蛆虫在蠕动爬行;豆腐是留给客人食用的,豆腐渣才是我们参学的云水僧配食的菜肴。由于没有油,豆腐渣不放在锅子里炒煮,而是拿到外面曝晒,曝晒时,麻雀们飞来分享一点,饱餐一顿之后,还不忘留下他们的礼物——粪便。每天我们过堂吃饭,菜摆在面前,念供养咒时,就闻到阵阵刺鼻的臭味,大家总是屏住呼吸吞食下去。所喝的菜汤,清澈见底,拿来洗涤衣服也不混浊。有时菜汤上面飘浮着一层小虫子,底下沉淀着一些蜗牛、蜈蚣、蚯蚓,我们也只好闭着眼睛喝下去。

这样的生活经年累月,根本谈不上营养、卫生,更遑论美食。但是不可思议的是,不曾听说有人因为营养不良而害病,什么胃肠病、感冒等病,也少之又少,其原因何在?我想和吃饭时念诵供养咒有很大的关系;念供养咒可以祛除病魔,保持健康。

那种贫苦的生活,对我日后心志的磨炼、生活的淡泊,有很大的助益。譬如台湾盛产水果,许多人饭后有吃水果的习惯。我虽然知道水果香甜可口,由于过去丛林的生活,不曾听过水果这个字眼,没看过水果这样东西,当然更没有吃过水果的经验,因此在我的生活里,养成不吃水果乃至一切零食的习惯。现在有时信徒送我一些吃的东西,我总是转送给大众。我这种食但求充饥,不必琼浆玉液,甚至没有饮食也泰然的性格,得力于从贫苦的参学生活中,养成了不贪吃的良好习惯。俗语说:病从口入。现在有些人的疾病,往往起因于过度的营养。不贪吃的习惯,维护了我的身体健康;不贪吃的习惯,使我节省精力、时间,而全心从事弘法利生的事业。

丛林参学的生活,三餐已经难以温饱,更没有余钱可存放身边,没有钱,也就没有购买的习惯。我不购买东西,并不是着意持戒,故意不买,而是身无分文,自然养成习惯。即使现在接受一些供养,也没有储蓄的习惯,我认为私人储蓄金钱是一件痛苦的事,只要身边有一点钱,我会赶快用出去;用在兴建佛教事业,因此假如我对佛教有微薄的贡献，我想是贫苦的参学生活，使我养成个人不蓄钱财，佛教需要净财的认识。

我在参学中，有一次受到某一位师长的责怪，家师知道我受了委屈，心想我是否承受得了难堪。有一天差人叫我去见他，开导我一番之后，问起我的状况，然后端起桌上的茗茶说："你以为没有钱，向我诉说，我就会给你。明白告诉你，我把喝茶的茶叶钱省下来给你花用，你也用不完。但是我就是不给你，什么道理？现在你不懂，不过，将来有一天你会了解我的心意！"

我当时听了，表面上不敢反驳，内心却不以为然地嘀咕着："几年来我穷得身无分文的，您不给就算了，何必说些冠冕堂皇的话呢？……"随着年岁的增长，现在我终于懂了，我觉得师父是真正爱护我的，如果他给我钱财，我可以过得舒服一点，他内心一定也很欢喜，但是他不希望我养成"富岁子弟多懒"的挥霍恶习，他为了训练我在艰苦的岁月里也能够坚持下去，培养我吃苦耐贫的精神，忍受着内心的痛苦，以看似无情却是有情的大慈悲来调教我，养成我日后对物质生活不知希求的性情。

和颜悦色爱护一个人很容易，而疾言厉色教诲一个人，如果没有强大的力量、深广的爱心，是很困难的。恩师给予我的恩泽，点滴感怀胸臆，而数十年来，我也没辜负家师的期望，无论环境如何恶劣困顿，凭着参学时代所孕育的力量，我坚强地踏出步伐，至今尔后，仍会毫不退缩地走下去。

三、修行时的刻苦自励

我没有很大的修行，不懂什么才叫作修行，不过幼年的时候，我确实以一些修行方法来磨炼自己。

看到别人过午不食,我也尝试过午不食。刚刚开始非常不习惯,由于平常的饮食缺乏油水,已让我处于半饥饿状况之中,再少吃一餐,加上十五六岁正是发育的年龄,需要多量的热能,现在不但得不到补充,反而减少,每天饥肠辘辘,十分难受,只好苦苦地支撑着。

这样苦撑了一段时期以后,过午不食带给我很大的轻松,感觉无比的舒畅。它给我的好处是:

(一) 时间充裕

在佛教僧团中,一切的作息,都要随大众进退。吃饭是训练忍耐力,培养不贪婪,激发惭愧心的修行。过去为了进食晚餐,要排队、要入斋堂、要出斋堂……时间往往在互相等待之中,不知不觉地流逝。过午不食,可以省去一个多小时的时间,温习旧日的功课,做许多别的事情,感觉上夜晚忽然漫长起来,生命好像充裕不少。

(二) 脑筋清明

从生理卫生来看,当我们吃过饭以后,血液集中于肠胃,进行消化作用。过度饮食之后,往往无法清晰地思考事情,所谓"脑满肠肥"就是这个意思,所以古人告诉我们食不求饱,只要八分饱就可以了。在我过午不食这段期间,许多平常不曾想到的事情,仿佛清江映月一般,自然浮现于脑际;过去百思不得其解的道理,宛如茅塞顿开一样,了然于心田。

（三）身心轻爽

过午不食习惯以后，胃部减轻了重量，感到身心自在清凉，飘飘然地不需要用力走路，如腾云驾雾似的悠然自得。

这种过午不食的修行，实践一段时期，效果很好，时间久了，身体渐渐消瘦，无法支持下去，于是放弃不再坚持。我为什么放弃过午不食的修行？因为佛陀指示我们：修行并不在吃或不吃，而在于吃得合法不合法。

有些人以为日食一餐，甚至不食人间烟火，只喝水充饥，或者以水果裹腹就是有修行。这种作风，佛陀早已批评过并不是如法的行为。如果摘食野果、啃啮绿草，就是有道的修行者，那么山林间的猿猴牛羊，不都成道了吗？如果喝水就是学道的表征，那么江海中的鱼虾水族，不都已登地入位了吗？

《佛遗教经》上说："如蜂采花，但取其味，不损色香。"经典告诉我们，色身虽然是虚幻不实的东西，办道却不可不借助它，即所谓的借假修真。我们每日饮食固然不可豪奢浪费，如石崇一般日食万金，但是也不可矫枉过正，粒米不进。应该抱着饮用良药，以医疗我们枯槁形体的心情来进食，提起正念，不贪求美味，不介意多寡，随缘不着意来食用。

佛陀未成道之前，经过6年日食一麻一麦的苦行生活，最后体悟到苦行的不究竟，而扬弃没有意义的苦行，接受牧羊女的供养，恢复了体力，终于在金刚座上证悟了真理。佛陀的伟大事迹早已启示我们：学道不在于吃得多少，而在于合法与否。日食一餐，甚至风餐露宿的人，如果对弘法利生的事业，没有丝毫的贡献，也称不上高僧大德。如果对佛教能提供伟大的贡献,虽然日进三餐,仍不失其崇高的风范;修行不在于形相上树立了什么,而是实质上究竟完成了什么?

在佛门里,流行着一种现象,行为上如果不表现奇异,就显示不出自己的道行。因此,有些人在吃的方面为了显出其"怪异"的行径,逢人就说:"我是过午不食的!""我是不吃饭的,晚上我只吃一碗面食。""晚上我不吃饭食,我只喝流质的牛奶。"为了你过午不食,重要的会议开到一半,不得不停止下来准备进午餐,以免误过了中午的时辰;晚上为了你不吃饭,只喝牛奶,别人还要特别为你泡一杯牛奶,增添别人的麻烦。像这样,道行还没有修持,已经损减许多的福报。其实,修行不在着意于某一种法门,培养一颗笃定踏实的平常心更重要。看到别人刺血写经,我也好奇去尝试。当夜深人静,万籁俱寂的深夜,佛前一盏昏黄的孤灯陪伴着我,我蘸着一滴一滴鲜红的热血,写下我对佛法的信心,写下我对众生的热爱。我的血肉和佛陀的圣教融合成一体,我愿意将身心奉献尘刹,来报答诸佛的恩惠,我感觉到自己的道心在增长,人格在升华。

除了刺血写经之外,对我帮助很大的是"禁语"。年轻的时候,我属于热情澎湃的典型,什么事情都觉得应该当仁不让,勇于维护正义,但是也因为心直口快,而惹来不少的麻烦,因此觉得自己有"禁语"的必要。

我曾经实践过一年的"禁语",刚开始很不习惯,不知不觉中就脱口而出;明明知道不能说话,偏偏忘记,说溜了嘴。当时我正在焦山佛学院参学,为了处罚自己,独自跑到大雄宝殿后面,人迹罕至的地方,掴打自己的耳光,并且自我责骂:"你这个家伙!没有出息！自己欢喜持禁语，又没有人勉强你，却出尔反尔，不能持好。"为了根除自己的习性，务必给自己刻骨铭心的教训，于是我重重地处罚自己，打得嘴角渗出鲜血。我试着这样处罚自己之后，心里觉得很落实、很平安。禁语，对于青年时代初学佛法的我，在学习过程中，有很深的意义。

西方有一句谚语："沉默是金。"有时粗糙的语言，实在无法表达我们细腻的心灵活动，在静静无声的沉默中，彼此的心意反而更能相契。学佛的人，首先要学习无声，不只口中无声，更重要的是心中无声。有时我们受了一点委屈，表面上虽然若无其事，内心的不平怨愤却如澎湃的浪涛一样，发出巨大的响声，如果我们能止息内心烦恼的声音，那就是宁静无声的证悟世界。

有些人打禅七或打佛七，由于禁语不能讲话，看到人就指手画脚，表示自己正在实践禁语。这样是不彻底的，口中不说，心中尚有说话的念头，仍然是一种执着。何况做手势，也是讲话的方法之一，聋哑的人，就是以"手语"来表达他们的意思。俗语说："把坛口封紧的酱瓜酱菜，特别香脆。"我们要从嘴上的禁语，做到心中的禁语；从无声之中，深化生命，增长灵智。

受戒时的生活训练，培养了我几个习惯。我 12 岁出家，15 岁受戒，在 53 天的戒期里，我几乎没有睁开过眼睛正视周围的一切。本来 15 岁的男孩子，正是精力充沛，好奇心强烈的时候，对于身旁的事物，难免好奇地看一眼；听到一些风吹草动的声音，有时也兴致勃勃地聆听着。戒场的引礼师父们看到了，就挥动手中的柳条竹藤，狠狠地打我一顿说："小小年纪，两只眼睛不老实，东瞟西看的，哪一样东西是你的？""小孩子，听一些闲话做什么？把耳朵收起来!"

挨了戒师一顿打,心想:这戒常住栖霞丛林里的一草一木、一砖一瓦,哪一样是我的东西?既然没有一样东西是我的,我怎么可以贪婪地观赏呢?戒常住的事情,岂是我们小孩子可以随便插足的呢?因此50多天的戒期,我把眼睛紧闭起来,不看外面纷纭的世界,而返观内在平静的世界;我把耳朵堵塞起来,不听尘嚣的喧哗声,而聆听心灵深处的幽谷跫音。

戒期快要结束时,我偶然随众在走廊上经行,把眼睛一睁,蓦然发觉这世间还有山、有水、有树、有花;我体会出为什么残疾人反而比一般完整无缺的人,还要耳聪目明。海伦·凯勒曾经写过一篇感人的文章:假如他有三天的时间,能够去看世界,他将要细心地观览小草是如何换上它们的绿裳;假如他有三天的时间,可以聆听声音,他将要侧耳去倾听小鸟是如何欢欣地谱下它们的新曲。海伦·凯勒虽然双眼失明,却拥有了慧眼;两耳虽然失聪,却能听到一切的天籁。

在戒期中,每天所安排的功课,非常紧凑,没有时间躺下来睡觉。小时候,我看到牛马站着也能睡觉,心想我绝对不能输给它们,因此在戒期中,我养成坐着也能入睡,站着也能安眠的习惯,客观环境所形成的障碍,让它成为修道的逆增上缘。

佛教里的规矩,戒期圆满时,要燃身供佛,以示虔诚。中国佛教从明朝以来,形成在头顶上燃烧戒疤的制度,并且一直沿用至今日。那时我15岁,家师可能认为我年幼出家,将来是否经得起考验,不变初心,把出家的路走好。为了让我安住于佛门,请戒师燃烧戒疤时,把我的戒疤烧大一点,以留下明显的印记,让社会上的人一看,就知道这是个曾经出过家的人,杜绝我立足社会的念头,使我"置之死地而后生",死心塌地地做个出家人。

烧香疤的老和尚听到家师这么说,因此当香珠燃烧至头顶骨的时候,他就用力在我头上一吹,香珠的火一旺盛,把我的头盖骨烧得凹了下去,十二个香疤连结在一起,仿佛下陷的盆地一般。这一烧不打紧,不仅把头骨烧出个洼来,并且破坏脑神经细胞,原本灵巧的小孩子,竟然从此失去了记忆力,变得笨拙不会念书。但是佛学院的老师对功课逼迫得很紧,每天要背诵文章经典,为了避免受到处罚,只好拼命地用功。

由于记忆奇差,过目即忘,于是趁更深人寝的时候,躺卧在棉被里,偷偷地背诵着白天的功课:"归去来兮,归去来兮……"反复不断地念着,好像记住了。再背下一句:"田园将芜胡不归……"重复不停地默念100次,似乎牢记在心头了,再回忆前面所背的,却又忘得一干二净。心想完了,脑筋退化得和白痴一样的愚笨。

记不住课文,老师处罚我跪在人来人往的走廊上背诵,以示警诫。虽然如此,脑袋偏偏不合作,搜遍枯肠,仍然无法背好。老师拿起戒尺,一面笞打我,一面责骂:"太笨了!你要礼拜观世音菩萨求智慧啊!"顿时,我眼前展现无尽的光明,充满了无限的希望!"礼拜观世音菩萨,就会有智慧吗?太好了,从今以后,我要好好地礼拜观世音菩萨!"

在僧团里,一切生活起居,要随着团体进退作息,个人不能随便活动,即使拜佛也有一定共修的时间,不可以自由随便。为了求智慧,我总是等到大家都熟睡了,才悄悄地起床。月黑风高的深夜,丛林深山古寺里,四周寂静无声,连虫儿都屏住了呼吸,只听到自己如雷鸣的心跳声。我蹑手蹑脚走到殿堂,埋头礼拜观世音菩萨,口里念着:"悉发菩提心,莲花遍地生,弟子心朦胧,礼拜观世音。求聪明,拜智慧,南无大慈大悲救苦救难广大灵感观世音菩萨!"我仿佛失怙的孩子,重回慈母怀抱,至诚恳切地称念着菩萨的名字;如同遭难的舟船,找到了明灯,拜下了我的赤忱。

我每天虔诚地礼拜菩萨,大约连续了两个月,虽然没有菩萨摩顶授记、甘露灌顶等感应,但是却有另一种不可思议的感受,我这个愚笨的头脑不但恢复过去的记忆,并且比过去更聪明,学校的功课背诵纯熟,过目不忘。明天要考试,其他的同学认真地准备功课,我仍然照常玩耍,只要晚上稍微看一下,明天就能倒背如流,应付自如。

当时幼稚的心理,以为礼拜观世音菩萨是为了求聪明、会读书,既然读书已经不成问题,也就不需要如此夜夜去礼拜菩萨了,因此拜了一段时日以后,再加上团体生活的关系,就停止礼拜了。如果当时有一位大德能够指导我、鼓励我继续不断地礼拜下去,一定能收到更大的效果吧。

虽然如此,这次的经验之后,观世音菩萨的圣号,不曾一刻离开我的心头。60多年来,无论走路、睡觉、做事,总是自然地默念着:"南无观世音菩萨!"欢喜时,觉得一切是菩萨的加被;苦难时,当一切的人都舍我而去时,菩萨仍然陪伴在我左右,慈祥地庇护着我,给我一股无比的力量。

我一生的弘法工作,受到菩萨慈悲加持的事迹非常多,譬如我开创佛光山,观世音菩萨灵感的事情,不胜枚举,许多人曾经在大悲殿里听到法器梵呗的声音,也有人看到毫光显现等等。我个人以为最重要的,要以我们的心去"感"菩萨的悲心,有了"感",自然能"应"受到菩萨的恩泽加被。在我的生命里,和观世音菩萨有非常深远的感应!

除了礼拜观世音菩萨,我也常称念弥陀圣号。我一生提倡的"朝观音,晚弥陀",就是早晨称念观世音菩萨的圣号,晚上念唱阿弥陀佛的六字洪名。观世音菩萨慈航普度,应声解救疾苦,是排除我们"生"的苦难问题;阿弥陀佛慈悲接引我们,脱离娑婆的痛苦,往生西方极乐,是解决我们"死"的归宿问题,因此"朝观音,晚弥陀"是解决我们生死的问题。如果能够朝念观音,暮持弥陀,不但今生无忧无虑,来世更能得到无上的快乐。

除了平时持念弥陀圣号,我一生参加过或者亲自主持的弥陀佛七,有 100 次以上。一次的佛七,为期 7 天,100 次的佛七,有 700 多天。在这 700 多天佛号不断的日子里,感觉非常的轻松。我不像一些人有许多灵异的感应,不过有几次的佛七,留给我深刻的印象。

1954 年,我在宜兰雷音寺主持佛七。那 7 天只觉得佛号绵绵不断,缭绕于耳际。吃饭的时候,一口一口是"阿弥陀佛"、"阿弥陀佛"……刷牙的涮涮声,是一声声的"阿弥陀佛"……睡觉的时候,人虽然睡着了,但是神志清明,心中仍然"阿弥陀佛"、"阿弥陀佛"……响个不停;走路的时候,脚步轻盈,好像腾空一般,不是自己在行走,身后似乎有一股力量在推动着自己前进,而每一个步伐,也是"阿弥陀佛"……任何时刻所感受到的都是"阿弥陀佛"、"阿弥陀佛"……

7 天就在绵绵密密的弥陀圣号中,一眨眼地过去了,忘记了自己的存在,忘记了"时间"为何物,感觉7天只不过一弹指。这次的佛七给予我的信心、宗教的体验,比过去膜拜观世音菩萨更深刻,让我体会了物我两忘、时空俱泯的境界。

对于念佛礼拜,我们初学者在持念佛号,或者顶礼圣容时,要放下一切,将身心完全投入念佛礼拜中,念得让你感受到这个世界不存在,感觉到人我都已荡然无存,身心已经脱落泯灭,只有一句"阿弥陀佛!阿弥陀佛!"悠悠扬扬,似有似无地回荡于四周。只要真正进入这种情况,宗教情操的培养、宗教信仰的增长,自然比听闻多少次的讲经说法更直接、更能收效。念佛礼佛都一样,必须持之以恒,等到一心不乱,和佛菩萨感应道交的时候,自然能水到渠成,收到无限的妙用。

我青年时代的参学生活,除了拜佛念佛,也打坐参禅。中国佛教从宋朝以后,渐渐走向禅净共修的方向,我挂单的寺院也推行参禅。中国古刹多在深山之中,当时电气化尚不普遍,没有电灯照明,平日食用的油水已经不敷使用,更没有多余的油让大众点灯看书。晚上黑漆一片,无法看经读书,漫长的黑夜,就在禅堂里一支香、一支香地打坐,对自己的心性,下一番观照的功夫。

刚练习打坐时,腿部疼痛麻酸,不听使唤,有时痛得冷汗直冒,好像针刺一般的难受,但是仍然坚强地忍耐了下来。盘腿最重要的是疼痛时,不可以移动,愈是动弹愈是酸疼,最好强忍下来,一定要把腿部盘得十分熟练才罢休。

在禅堂里,纠察师父拿着警策的板子,来回地逡巡着,看到腿部盘得不如法的人,"啪!"香板毫不客气地打了下来。有时候腿部不听话,跷得好高,只好拿石头在上面用力压,或者用绳子,仿佛扎树枝一般把腿子绑紧,吃尽了苦头,但是我们都强忍了下来。在调身的过程中,我体验到忍耐是最大的力量。

本来参禅不一定要打坐,搬柴运水无非是禅,吃饭穿衣也充满禅机。禅不一定要坐,也不一定是卧。六祖惠能大师曾说:"生来坐不卧,死去卧不坐,一具臭骨头,何为立功课?"禅不是在形体上用功夫,而是在心中见自性。虽然如此,初学者端身坐禅,仍为必经的途径。盘腿不一定就是参禅,但是生理影响心理,只要把腿部一盘,就能精神集中,意志统一,分散于外面的身心世界,自然而然收摄回来。

六祖惠能大师的《无相颂》说:"心平何劳持戒,行直何用参禅?"修行,固然不可在形相上起执着,要在心性的解脱上用功夫,但是初机的人,要内外并重、性相兼修,才不致本末倒置,误入歧途。《无相颂》所揭示的,值得我们参考:

恩则孝养父母,义则上下相怜。
让则尊卑和睦,忍则众恶无喧。
若能钻木取火,淤泥定生红莲。
苦口的是良药,逆耳必是忠言,
改过必生智慧,护短心内非贤。
日用常行饶益,成道非由施钱,
菩提只向心觅,何劳向外求玄。
听说依此修行,天堂只在眼前。

修行需先从生活上的身体举止做起,慢慢到心性的锻炼,即是由外到内,由相起性的意思。有人问:天堂在哪里?如果你会打坐,腿部一盘,感到好安稳、好自在、好舒服、好愉快,当下就是天堂,天堂不在遥远的他方异域,天堂就在我们自身心上。如果有这样的体验之后,就能在宗教里植下深厚的根基,不会因为别人的讥讽而改变自己的信仰。

有一些人,好不容易萌发了菩提心,进入佛门来学佛,却因为受了一点委屈,轻易地离师叛道,甚至毁坏自己的信仰,离开了佛教,最主要是意志力不够坚定,对佛法不能培养磐石不移的信念。如果能从拜佛、打坐等修行中,体会佛法的无上受用,自然能够身心安住。打坐也不一定在禅堂里,也可以在早晚睡觉之前、起床以后,在床上打坐。打坐的时候,要把外缘放下,不挂碍外境的一切,才能坐得好。

有一些修行人,苦心孤诣地修行了数十年,一生当中也许只坐了一支好香。"坐破蒲团不用功,何时及第悟心空?"禅坐不只是身体打坐,更重要的是在明心见性上用功夫。至于拜佛,怎样才能拜得好呢?礼拜佛菩萨要缓慢,最如法的拜法是 30 分钟 24 拜,拜快了,像捣蒜似的气喘如牛,无法使身心平静下来。慢慢地拜,才能将感情礼拜出来;和缓地拜,才能用我们的心去接触诸佛的心。

四、弘法里的增长道心

1949 年,随着不可思议的因缘,我来到了台湾,开始我弘法的工作。我最大的志愿是以文字来弘法,因为文字超越时间、空间,透过文字的媒介,不止这个时代、这个区域的人可以接触到伟大的思想,几千年、几万年以后的人类,此星球、他星球的众生,也可以从文字般若中体会实相般若的妙义。靠着文字的桥梁,今日我们得以承受古人的文化遗产;由于历代高僧大德们的苦心结集、传译,今日我们才能饱尝法海的美味。

丛林的十多年参学生活,除了师长同学,我从来没有见过陌生人,也不曾和不相识的人谈过话,即使母亲,除了两次短暂的会面,也没有回过家请安。长期的寺院生活,使我乍然接触社会,不知如何安措手足。见到陌生人,不知如何启口谈话。心想像我这样不善言辞的人,干脆深研佛法,著书立说,以文字来弘扬佛法。但是当时的佛教没有环境让我写作,过去的中国大陆寺庙还好,台湾省的寺庙则有一种奇怪的现象,青年们出家学佛了,偶尔看看经书、写写文章都不允许,从早到晚工作不歇,譬如我在写文章,当家的师父看到了,就詈骂说:"那个法师真懒惰、不做事,整天涂涂写写,涂鸦些什么?"

为了留给别人好的印象,不让人认为自己懒惰,我也放下我的写作志趣,从工作中去服务大众。我初到台湾不久,挂单于中坜的一个寺院里,由于年轻的人手不够,我每天要供给80个人的用水,从深邃不见底的井中打水上来,要打满600桶,才够全寺的人食用。除了打水,还要上街买菜。我每天总是踏着稀疏的月影,拖着嘎嘎作响的手拉车,到15里黄土路外的街上,把一天的油盐米柴拖运回来。

到了市场,星月还灰蒙着脸,菜贩子尚拥枕高眠呢!一到市集,我挨家挨户地请菜贩起床:"起来,起来,买菜啰!"买好了菜,急急忙忙地赶回来,因为尚有许多清扫的工作等待着。安顿好了之后,赶快去清扫厕所,别人扫厕所,用水冲洗一下;我打扫厕所,喜欢用手去刷洗扒除,非把秽物清除干净,绝不罢休。这项工作给予我很大的受用,我觉得污秽的本来不是污秽,清净的本来也不是清净。如果我们有一颗清净的心,这世间上的一切,污垢也好,清净也好,其本体自性都是无染的。除了日常工作,寺中有人过世了,我帮忙包裹,抬出去埋葬。我从卑贱的工作中,培养服务牺牲的精神,孕育慈悲奉献的心胸。

虽然在寺里,也能服务大众,但是对象有限,不能把佛教"无缘大慈,同体大悲"的精神,普施于一切众生,因此后来离开了中坜。既然写作弘法的工作不能顺利推展,那么改从根本来挽救佛教的颓弊,于是我想到了兴学办教育。

台湾省佛教会在1951年,创办台湾佛教讲习会,我当时受聘为教务主任,有心培植佛教英才,以整顿垂老不振的佛教。可惜由于种种因缘,好事多磨,只教了两年就离去。学校教育的工作因缘不成熟,我只好去从事社会教育的工作,从此走上了讲经弘法的道路。直到1965年,才于高雄寿山寺,创立"东方佛教学院"的前身"寿山佛学院",于1973年增办佛教大学——"佛光山丛林大学院",1977年并更名为"中国佛教研究院"。一般的教育,则陆续创办了"智光商职"、"普门中学"、"均头中小学",乃至美国西来大学、嘉义南华大学、宜兰佛光大学等。教育是传递民族文化香火的根本大计。我一生对教育的推动是不遗余力的。

1953年起,我到宜兰弘法,展开了一系列的环岛布教大会,并宣传大藏经。在一连串的弘法布教活动里,有一次在台北县顶双溪的小镇上所举办的布教大会,深深地感动了我,增长我对佛法的无比信心。

当地的老百姓热忱地邀请我们去布教,由于不懂得布教前的准备工作,事先既没有宣传,又欠缺周详的计划,一切乱糟糟的。

我们一行人到了之后，自己张贴海报，打锣宣传，把布教地点从小庙改到一间小戏院，跟随我来的二三十位青年布教员，手脚灵巧、分工合作，一下子就把会场布置得庄严无比。

为了让这些青年布教员及早成就，我带着他们各处去布教，我会事先写好讲稿，让他们届时重念一次。为了扩大影响，收到效果，每次布教结束，就用幻灯片打映出一尊佛像，然后由一位布教员对着佛像，念着我事先写好的祈祷文：

> 伟大的佛陀，我们是宜兰念佛会弘法队的队员，今天我们把佛陀您的慈悲、智慧、功德，带给顶双溪的大家，请求佛陀您加被这里的人们，让他们在您的佛光庇荫下，能够获得幸福、安乐的人生。

像这样的讲辞，我已经耳熟能详，在各处布教弘法时，不知道听过多少次，但是当年轻的弘法队员，那字正腔圆、充满虔诚的音声，透过麦克风散播出来时，仍深深地撞击我的心坎，而情不自禁潸然涕泣，我心中默默许下一个愿望："从此誓愿献出我的生命，努力于弘法利生的工作。只要众生需要佛法，不管穷乡僻壤、蛮荒野地，我都愿意去布教！"因此，台湾从南到北的监狱、各地机关、学校、部队，数十年来，无论哪一位，只要他欢喜我讲说佛法，即使牺牲睡觉、吃饭的时间，我必定如他的愿望。因此佛光山有一些法师、学生，看到我孜孜不倦地说法，有时会问："师父，你怎么有那么多话可讲呢？"我许过愿，要把我所体悟的佛法，布施给大众，一切是我自己心甘情愿，欢喜去做的；如果能将信心与忍耐，建立在心甘情愿的奉献上，自然能产生巨大的力量。

在弘法布教的工作中，我仍然未曾稍减写作度众的愿望。有一年环岛布教，途中突然觉得双腿不能弯曲。我们从宜兰出发，经过花莲、台东，到了屏东的东山寺，受到大众热烈欢迎，入佛殿拜佛，一拜下去，却起不来。心中一惊，怎么得了！后来经医生诊断，说是得了风湿症，必须锯断双腿，才不会蔓延恶化。心想，双腿若是锯断了，不是变成"瘸和尚说法，能说不能行"吗？继而一想：腿子不锯断，要南北奔波，到处弘法。腿子锯断了，不也可以顺自己的心愿，关起门来著书立说，照样传播佛法吗？

就这样我对人生、对生命、对所有的一切都不强求，一切顺乎自然，随着因缘，因此面对锯腿，我的感受是平静的。佛法告诉我们要放下、要自在，面临生死灾难时，心里畏惧，并不能去除死亡的阴影；也不是信了佛，就可以免掉死亡。信佛只是给我们力量，能够坦然地去接受一切，佛法指示我们如何活得有意义，其实懂得了"生"，就知道如何去面对"死"。学佛如果能够体会这一切，就足够我们一生受用不尽。

又有一次，我们到南投鱼池乡去布教，晚上住宿在靠近山边的一户农家，乡下地方没有卫生设备，房间里摆了一个尿桶，臭气四溢，熏得我们很难受，没有办法睡觉。当时我和煮云法师同住一起，我对他说："煮云，我睡不着，你讲个故事来听听。"

"这么迟还不睡觉？"

"你怎么睡得着？这味道那么难闻！"

"是难闻，你勉强睡嘛！"

"勉强了好几次，都无法入睡，你讲个故事好不好？"

煮云法师最喜欢讲故事，满肚子的典故轶事，由于我爱听，他更喜欢讲。

"那么,我讲玉琳国师的故事好了。"

听了一段之后,我对他说:"我一定不辜负你讲故事的辛劳,我会把国师的高行发表于杂志,让大家共享。"

后来我将玉琳国师的事迹,编写成书,陆续发表于《人生》杂志;这种布教的生活,乡村的尿桶,也能启发我的灵感呢。

数十年的布教生活,从学校到社会、从乡村到都市、从公司到监狱,从学校到军营,乃至几次的海外弘法,看到中国佛教的衰微颓弊,百废待兴,愈发坚定我献身佛教的愿心。

五、生活上的佛法体验

佛教里有一种怪现象,一般人的观念认为讲佛法要讲得玄乎其玄,让大家如堕五里雾中,不得其解,不如此则显不出他的高明。听不懂就是好的吗?听不懂的佛法,再奥妙也只是束之高阁的装饰品,对我们的生活一点也没有帮助。我个人不喜欢谈玄说妙,更不喜欢故作神秘,说些别人听不懂的话,不论多么难解的教理,我总是深入浅出,让大家很容易地了解。就是谈空论有等形而上的问题,也设法和日常生活印证。

佛教一旦离开了生活,便不是我们所需要的佛法,不是指导我们人生方向的指针。佛教如果不能充实我们生活的内涵,那么,佛教的存在是没有意义的。佛陀的教化,本来就是为了改善我们的人生,净化我们的心理,提升我们的生活;佛法是离不开生活的。《六祖坛经》上说:"佛法在世间,不离世间觉。"我一生的理想,就是弘扬人生佛教、生活佛教。

数十年来,我从生活中体验的佛法,不是一二言语所能道尽,仅具体举出以下四点。

（一）以退为进

平常我们总以为前进显耀的人生，才是光荣的，而不知道后退的人生，另有一番风光。我们寻幽访胜，辽阔无垠的旷野，有时候失之于平淡，峰回路转的溪壑，也别有洞天，所谓"山穷水尽疑无路，柳暗花明又一村"。前进的人生，是一半的人生，加上另外一半后退的人生，才圆满无缺。

在我童年那10年的丛林生活中，我接受了关闭式的教育，受到近乎专制的行为约束。这种远离社会繁嚣、截断众流的山林生活，长养我对佛法的无比信心，让我从守成持重中，肯定自己的宗教信仰。为了跋涉更遥远的路途，我们需要休息、养精蓄锐；为了完成更繁重的工作，我们需要含藏、养深积厚。飞机、船舶如果不借着引擎排气时所产生的反弹力量，则无法前进；农民插秧，一排一排地退后，退到最后，终于把满畦绿油油的秧苗插好。因此真正的进步是由能退之中养成的。

后退并不是畏缩不前，也不是消极厌世；后退充满着谦逊忍让、积极进取。我们驾驶汽车，碰到红灯，不知道停车，只有人车俱毁。在人生道路上，横冲直撞，不知悬崖勒马，只有殒身毙命。有时候，慢半拍忍让一些；停一步，再想一下，许多不必要的纷争，就化为乌有。所谓"退一步海阔天空，忍三分何等清闲"。

退步的人生更广大、更自在，古德有诗说："有求莫如无求好，进步哪有退步高。"退步的人生宽广洒脱，但是并不是任何事都后退不管。譬如看到正义被摧残，应当挺身而出，维护真理；看到佛教被破坏,不可退避三舍,袖手旁观,即使肝脑涂地,也要舍我其谁,护教卫法。所谓后退的人生,是对个人功名利禄的追求当退则退,而为教为道的维护则当进则进。退步的人生,不是要我们懈怠不勤、退失道心,而是在退让中,培养坚韧的耐力、精进勇猛的忍辱道行。所谓"常乐忍辱柔和法,安住慈悲喜舍中"。

我个人对以退为进的道理,有深刻的体验,因此佛教学院毕业后,许多同学都争着到有名的大寺院为当家住持,我则一个人到农村去弘法办教育。初到台湾的时候,别人忙着到处布教度众,我却到僻远的小寺,拉车扫地,以苦行来激励自己的心志。后来到宜兰弘法,也是因为兰阳地处偏僻角隅,没有出家人驻锡,既然有因缘需要出家人去弘法,于是在1953年,我到了民风纯朴的宜兰,开始我走向社会的弘法工作。

随着佛教弘法工作的扩展,觉得有必要扩建一个更大的道场,来推动佛教的事业。有些信徒建议我在人文荟萃的台北建道场,我想台北已经有许多人在弘法,就到荒芜的大树乡斩荆棘,辟草莱,创建佛光山。当时视察土地时,许多人看到满山的荒芜蔓草,坐在车子上,不愿下来巡看,甚至劝我打消建寺的念头。

记得最初我也曾打算将这刚完成院舍的佛教学院,送给中国佛教会,作为办理"中华佛学院"的地方,他们嫌远,没有人愿意接受。由于佛光山远离台北,减除了不少人事上的应酬,而能够全心全力地兴办各种事业。我一生做事,总是做些别人不愿意做、不想要做,而又必须做的事,譬如办幼儿园、办学院,到监狱、军营、电台、学校等地布教,把佛法散播到各个角落,这些事没有人去做,我就当仁不让,当下承担下来。记得老子曾说过:"唯其无争,故天下莫能与之争。"无争并非不能争，而是能争而不愿争，无争是宽大包容的心量的呈现，忍辱无争、以退为进的道理，丰富了我的人生内涵，充满信心地接受一切考验。

（二）以无为有

平常人的观念总以为"拥有"才是富裕幸福，有钱财、有名位、有权势、有妻儿，人生才美满无憾。事实上，拥有了田园美眷的同时，也拥有了牵挂、有限；没有的世界更洒脱、无限。譬如无官一身轻，功名富贵、官运亨通虽然称心如意，但是仕途上的波谲云诡，变幻莫测，有时也让人身败名裂、伤神劳心；没有了官位，则可以享受陶渊明"采菊东篱下，悠然见南山"的情趣。社会上的人，拥有了家庭，一天工作结束了，一定要回到自己的家庭安息，不可以投宿别人的住居。而出家人割爱辞亲，没有眷属，没有自己的住屋，但是"出家无家处处家"，不管林下水边、古刹新寺，都可以栖止，何等的自在逍遥。

"一钵千家饭，孤僧万里游。"出家人没有自己的亲人，所有的众生都是他的眷属；出家人没有自己的房舍，山河大地都是他的床盖。因为"无"反而拥有更多。

我们常常为了追求有形的东西，把自己搞得焦头烂额，反被物役；为了锱铢小利，汲汲于道路之上，疲于奔命，而不知道享受"无"的妙趣。太阳是无主的，任何人都可以得到它的温暖；月亮是无主的，任何人都能够受到它的照拂。空调机虽然舒服，但只能装设在特定的地方，并且要付出昂贵的电费；而清凉的和风，不需要付出一分一厘，随时随地让我们享用不尽。我们虽然没有洋房汽车，白云青山任我们遨游;我们虽然没有锦衣玉食,明月清风随我们品味。能够超越有形有相,在"无"上细细咀嚼体味,人生将更扩大、更多姿多彩。

佛光山从荒山旷野变成殿堂巍峨的佛教道场,只有一个秘诀——"无"。佛光山的发展,是由于不拥有、不储蓄,才有今日的规模。有一些出家人赶经忏、做佛事,积蓄钱财,然后放高利贷,碰到骗子,钱被骗走了,一切化为乌有,佛教的净财因此流入不法分子的手中,而没有办法为佛教兴办各种事业。更有甚者为了钱,和世俗人大打官司;为了争住持的席位,互相攻击,搞得乌烟瘴气,破坏佛教的清誉,为世间的人所诟病。

古人说:"有子不留金。"万贯的遗产,往往是兄弟阋墙的祸因。有人说:"佛光山很会赚钱。"其实不是,佛光山只是很会用钱,知道把钱用在佛教文化、教育、慈善等方面。今年的钱用完了,明年、后年的钱,也使用告罄。数十年来,佛光山不曾积蓄一分一毫,每天都处在山穷水尽的状况之下,虽然如此,奇妙的是,我们依然"日日难过日日过",因为我们拥有了"无"。

由于佛光山不储钱,本山派下各分别院的住持、当家,没有人抢着要当,各种职务,也没有人争着要做,因此减少了许多无谓的纷争,能够众志成城地建设佛光山,为佛教献出一份力量。我认为个人不需要屯积钱,寺院不需要聚集财物,但是佛教需要净财,佛教有了净财,才能兴办各种文化、教育、慈善的事业,度化更多的众生,佛法的真理,才能更普遍于世界每个角落。个人要能"无",佛教才能"有"。

(三) 以空为乐

人生活着的最大目的是追求快乐,而快乐的来源有很多种。有人以感官的享受来娱乐自己;有人以从事艺术、文字的创作为人生乐事;有人以追求人类性灵的显露、真理的证悟为最大安乐。感官的享乐,来自外在,有质碍性,容易产生副作用;艺术文字的创作,是呕心沥血的感情的流露表现,不过多情反被情伤,不如太上之忘情;证悟的快乐,是有情而不为情役、闲云野鹤的禅悦,是物我两忘般若空的快乐。

空的快乐是广大无边的,宇宙虚空都含容在寸心之中,眼不必看而洞悉一切,耳不必听而彻知一切,这是内证真如的快乐。空的快乐是永恒的,世界上的事相,如幻梦露影,瞬息即逝,而虚空不灭;人世上的恩怨情爱,会离我而去,而虚空不变。若能与虚空契合,则快乐绵长不断。世间的快乐有对立、不究竟,而空的快乐是超越有无、多少、苦乐的究竟常乐。我们口渴了,喝一杯水,如饮甘露,继续喝第二杯、第三杯,有时不但不乐,反而痛苦。世间上的快乐是伴随着痛苦的短暂快乐;空的快乐是随缘不执着的快乐,是解脱不企求的快乐。有了空的快乐,人情的冷暖淡薄,不能动其心;物质的匮乏贫困,不能挫其志;身体的疾疴衰朽,不能伤其情。空的快乐至大至刚、无限富有,拥有了空的证悟之乐,即获得了全宇宙,生命的内涵必能无限地扩大、无限地深厚。

假如我们替别人服务时,心中存着希望对方报答的念头,而对方却没有回报,一定会耿耿于怀,不能释然。我们希望生活上享受罗绮玉食、亭台歌榭的欢乐,当环境不能尽如人意时,种种的烦恼必随之而至。我们企盼得到某人的青睐,而没有办法得到对方的感情,一定会陷入痛苦的渊薮。如果我们能够体认诸法的虚妄,体悟三轮体空的道理,就能从一切的烦恼、痛苦之中超拔出来。《心经》上说:"照见五蕴皆空,度一切苦厄。"能空一切假相,就能得到菩提的快乐。

世间的快乐是爱着、执迷、贪求的快乐;空的快乐是无着、无住、无求的快乐。以空为乐的人,施恩于他,不求回报,因此别人不报答,也不会耿耿于心。以空为乐的人,以虚空为住,三衣一钵不少,岩穴涧旁不差,茅茨土阶如琼楼玉宇一样的舒适安然。以空为乐的人,不企盼他人的爱护、关怀,只想将温暖、慈悲布施予人。心中本来无求,因此不曾失去什么,纵有所得,也是多余的幸福。

空的快乐,不是要我们矫情排斥一切,如槁木死灰般地生活,而是依然看花赏月,不为花香所眩,月华所迷。所谓"百花丛里过,片叶不沾身"。以空为乐的生活是"犹如木人看花鸟,何妨万物假围绕"。欣赏一切,净而无染的禅的洒脱生活。

(四)以众为我

人是群众的动物,不能离群索居,一旦离开了社会,我们的生活所需马上发生困难。佛经上也常常告诉我们说:"佛法在众生中求。"修道的人,要以众生为我们修行的道场,从和大众的接触之中,培养忍辱行,增长慈悲心。如果和大众能够和睦共处、水乳交融,建立美好的人际关系,当下就是极乐净土,众生就是净土。

世间的许多争乱,最根本的原因是自我中心太强,每个人一味希望大众为我,把自己重要化,凡事只要我快乐,不惜把快乐建立在别人的痛苦之上。学佛的人,要重新以佛法来净化世间,心中存着:"你大我小、你乐我苦、你有我无、你好我坏"的念头,退让一步,自然能免去争执,改善人生;凡事以大众的利益为前提,自然能促进社会的和谐。

根据佛陀的教示:万法众缘和合。宇宙是一个整体,我们只是宇宙中的一粒小小沙石,每粒小沙石和谐地融合在一起,宇宙才能成其大。我们要把自己投入大宇宙之中,不可以和宇宙分离开来,宇宙为宇宙,我为我。佛陀常常强调:"我乃众生之一。"每一个人都是团体的一分子,离开了团体,就没有个人;好比众缘如果不聚集,诸法则散灭。我们和众生不可分开,和世界不可分割,而愚痴的人,总是人我对立,和社会大众对立,原因是不能了解"一多兼容"的道理。

过去丛林里,举荐住持的时候,端看这个人对大众有没有供养心,而是否有出类拔萃的才华还在其次。因为丛林道场是大众修行办道的地方,一个住持如果悭吝刻薄,不能护持大众安心办道,纵然有过人的才干,也不是适当的住持人才。在禅堂里,悬挂有"大众慧命,在汝一人;汝若不顾,罪归汝身"的警策板。这是警惕维那主持禅堂的仪礼要如法,不可惊动道者平静的心,所谓"宁动千江水,不动道人心"。由此可见,佛教尊重大众,以大众为中心的思想。

佛光山推动人间佛教,所创办的各种事业都是为了因应大众的需要而设立。譬如年幼失怙的孩子,没有人抚养,我们建大慈育幼院,教养菩提的幼苗。为了解决社会上的老人问题,让一生服务于社会的老人们有颐养天年的地方,我们设立了佛光精舍。为了把佛教的真理普遍地传播于社会,我们兴办佛教学院、都市佛学院及各种社教活动,我们编辑各类的书籍、刊物、办报纸、成立广播电台、卫星电视台等。数十年来,我们朝着以众乐为己乐,以他人所需为己需的目标,兢兢业业地献出微薄的力量,我们遵循佛陀的教诲,将自己的需要放诸大众之上,从感激大众之中,去实践佛陀所证悟的"人我无二,自他一如"的真理。

对于我的宗教体验,说来惭愧,60余年的佛教生活,佛教给我非常深大的助益,但是我对人间的贡献,实在渺不足道。如果有些微的作用,也只是沧海中之一粟,而这一切都是三宝的加被,大众所给予我的力量,凭我个人,既没有优异的禀质,也未曾接受完整的教育,是没有办法有所成的。数十年来,我凭着一颗至诚恳切的心以施为舍,以忍辱为力量,在佛教中安住了下来,每天饱餐佛法的醍醐美味,这就是我的宗教体验。

1981年7月9日讲于台北佛学研讨会

谈迷说悟

在迷境里面,我们的妄心、妄识交相争夺;
在悟的境界里,能知道自己的真心安止何处,无着亦无系。
所以迷悟之别,就是凡夫与圣者的分界线。

什么叫作"迷"?我们常常说:"众生痴迷",所谓的"迷",就像闭着眼睛一样;一层眼皮遮蔽了一切,使我们看不到外面的真实世界,以及美丽的山川花木,而终日生活在黑暗、茫然之中。一旦张开眼睛,看到光明的世界;看到山河这样美丽,日月如此争辉,万事万物都那么祥和,才知道以前那个黑暗、茫然的世界只是一种假相,这就是"悟"。

怎样才能睁开心中的眼睛,看清一切真实的世相、法相呢?

一、世间迷信知多少?

世间有四种信仰:一是邪信,二是不信,三是迷信,还有就是正信。

邪信容易走火入魔,非常危险。第二种人是什么都不信,这比邪信要好一点;迷信的人可能什么都信,有时候,这也比什么信仰都没有来得好。最理想的,当然是正信,有正确、正当的信仰,可以指引我们臻于道德圆满至善的境界。但是,正信也必须具备正信的条件,才能算是真正的信仰。正信的条件有三点:

1. 信实:所信仰的对象是实实在在存有的。比方说,我们信仰的佛教,教主释迦牟尼佛是历史上真正存在的人,他有出生的地点、有生养的父母、有历史的佐证,是个实实在在的大觉者,不同于一般的神教以天神鬼魂为崇拜对象,无法考证。

2. 信德:所信仰的对象具有清净崇高的道德。若我们所信仰的对象,本身仍有贪、瞋、痴,烦恼尚未断尽,生死尚未解脱,这样的神祇,其自性都不清净,如何能引度众生呢?所以,信德是正信与否的最重要考验。

3. 信能:所信仰的对象确实具有伟大的能力,能够引度众生明心见性、解迷开悟,这种伟大的能力必须包括慈悲心、智慧心,及广大神通,才可能成为我们生命的依靠,让我们脱出三涂苦,不受五阴迷惑。

如果我们所信仰的对象不具备以上三个条件,这种信仰就容易变成邪信或迷信,徒然造成自我束缚、自欺欺人了。与正信比较起来,邪信与迷信像一条绳索,束缚我们开朗的人生,带给我们很多无意义、无价值的苦恼,使我们的人生不能获致究竟解脱,不能求得光明的世界。最严重的,迷信更像一副枷锁,把自由自在的世界都锁住了,把清净如满月的人格都埋藏了。

一般民间迷信的种类、对象很多,比如:

1. 迷信自然现象:以为打雷有雷神、闪电是电神、刮风靠风神、下雨的是雨神……把一切不了解的天气现象,都归之于神祇的控制,人们变成了任由气象宰割的渺小魂魄。现在的科学,进步到改变大气结构的地步,可以制造雨、改变风向,那么大气科学工程师,是不是也可以自封为风神、雨神了呢?可见信仰自然现象,实在是一种愚昧虚妄的迷信。

2. 信仰动物:譬如诸蛇由蛇神御领,牛有牛神管辖,龟有龟神,连猴子都有猢仙……到了现代,很多以前被人们热烈膜拜的动物,都已逐渐濒临绝种,或者需要人类划定特殊的动物保护区,来维持它们的生存繁殖,那么,负责这件工作的生态保护人员,岂不是神中之神?所以,信仰动物的时代已经过去,这种迷信也将不攻自破。

3. 信仰植物:花有花神,草有草神;一棵树长得特别大,叫它大树公;一座山特别高,也以为有山神呵护。那么,风吹草木折,就是风神和花神、大树公打架,风神占了上风?建筑公司的挖掘机挖掉了半座山,就是机器怪手大战山神,山神铩羽?这种迷信实在可以休矣。

4. 信仰仙鬼:如千岁、王爷、娘娘等等。

5. 信仰民间英雄:如关羽、岳飞、郑成功等。

一般人信仰仙鬼、英雄,是把他们当作宗教神祇来膜拜,最主要的心态,是自己遭遇到困难不能解决,希望借着另一种伟大的力量来化厄解困,等到困难解决了,没有利用价值了,就把信仰的对象暂时搁到一边去。这样的信仰,不是正信,而是迷信。

台湾的民间神明信仰,可说是众神济济,五花八门,不但人物众多,而且各有所司所职,就像现实世界的政界一样,什么名堂都有。

人，在现实的生活上，需要司职的官员们给我们协助，而当现实世界的官员们无法给人们妥善的帮助时，就各依所需产生了众多的神明，依靠其脱困，信仰其求安心。当然，有信仰比没有信仰好，但是与其苦求不可知、不可测的神明来作寄托，落得不上不下，空虚幻渺，何不把精神和力量用在改善社会状况、促进官员与民众的沟通上，使现实的困难获得解决，提高社会的生活水平，使每一个人不至于遭到同样的困境，这样不是更好吗？

另外，一般的迷信里充满许多禁忌，实在不必要。比方有人认为送雨伞代表"离散"，送手帕是即将遇到伤心事的预兆；吃梨子不可以切开来吃，否则会"分离"；做什么事情都必须先择日期、看黄历。盖房子，须先请风水先生来看风水，择一个吉日吉时才能破土。

都市里，许多大大小小的高楼大厦、商店街，难道都有一定的尺寸、方向吗？那些店家没有找风水先生看地理，生意还不是很热闹、很兴隆。可见事在人为，不靠迷信。

像看八字择吉日来论婚嫁，是不是一辈子都不会争吵、离婚？依着吉时剖腹生产的孩子，将来是不是都会成为圣贤？其实，夫妻相处之道在婚后的相敬如宾、互相体谅，而不在于结婚的时辰好坏；养育儿女之道，也是依靠父母细心地照顾、谨慎地教育，而不在于八字吉凶。一个按照帝王时辰剖腹生出来的小孩，如果不妥善照顾他、教育他，他不但不是帝王，还可能成为社会的害群之马。所以，佛教认为：日日是好日，处处是好地；只要你心诚意正，走遍天下，都是良辰吉时、地利人和的。

另外一种迷信是对数字的迷信。有个出租车司机在街上准备载客人,车子一停下来,客人却不要上车了,司机问他为什么,他说:"你这辆车子的号码不好,'4848',念起来像'死吧死吧'!"司机大怒:"你胡说!我的车号最好,有很多人要买我这部车我都不卖!我这个'4848'用闽南语念'是发是发',是赌钱的时候通通赢的意思,怎么不好?"

一样的数字往往有互相歧异的解释,所以,数字本身只是符号,并没有什么意义,只是各人的想法不同而已。如果我们据以胡乱推衍,迷信它这个不好那也不好,就是自己迷乱自己,作茧自缚了。

现在不仅民间迷信各种无稽的传闻,连西洋的迷信也流行起来,比如说13是不吉利的,黑色的星期五等。4与9这两个数字也不受人欢迎,一般的旅馆、医院都没有四楼。其实这个"4"是事事如意,9,也不是死的意思,是久久平安、九品莲花的象征。

佛教里有一个故事:有个老太太跟一个不识字的人学念咒语,把"唵嘛呢叭弥吽"念成"唵嘛呢叭弥牛"。她每天念一升豆子的数目,念了几年之后,功效就来了,她每念一句,豆子不必用手拨,就会自动跳过去,可以说到了出神入化的地步。有一天一个法师云游到此,恰巧天色晚了,就在老太太家借宿一宵,夜晚听到老人家在做晚课,问她:"你在念什么呀?"老太太念"唵嘛呢叭弥牛"给他听,法师一听,说:"老太太,您念错了!是'唵嘛呢叭弥吽'不是'唵嘛呢叭弥牛'!"

老太太知道自己念错了,赶快改正过来念"唵嘛呢叭弥吽",可是多年来念习惯了,一旦改口,起了分别心,反而佶屈聱牙,无论怎么念都不顺口,且豆子再也不跳了。

这就是俗话说的"精诚所至,金石为开",一旦集中意念,没有分别臆度的念头,就会达到心与物交融合一的境界。在台湾省一些民间信仰里面,如卜卦、吃符水、跳乩等,有时候会出现一些不可思议的功效,其实也是凭借这种至诚的意志力量。但是我们应该把至诚的意念放在正信上面,才是永久恒常的信仰,迷信只能治一时,不能累世,只能短期治标,不能成为我们治本还元的依归。

其实,迷信的心态不止在宗教里才有,社会上有无数的人更是迷信万端。比方有的人喜欢歌舞,迷信歌舞是人生唯一的快乐;喜欢赌博、游荡的,迷信纵情逞暴可以解决人生一切苦恼。

此外,还有很多迷信的事端,像迷恋打球,把打球当成人生要务的球迷;喜欢看电影,坐在银幕下才能安定身心的影迷;迷信金钱万能,没有钱就活不下去的钱迷;以爱情为依归,以为有了爱情就拥有一切的情迷……还有迷信战争、迷信权力……真是不胜枚举,比宗教里的种种迷信复杂多了。

每一种迷信如同佛经中所说:"积聚终消散,崇高必堕落;合会终当离,有生无不死。"都是虚妄不实、短暂无常的,像沙上的城堡,如空中的楼阁,既经不起时间的考验,也耐不住人事的变迁,是完全不堪一击,随时会崩坍溃散的。因此,没有信仰固然不好,迷信也不完美,建立正确的信仰,人生才能圆满究竟。

二、宇宙真理有几何?

要破除迷信才能正信真理。说到真理,每个宗教都说自己是真理,人言言殊,各树壁垒,究竟哪一家才是真理呢?

真理必须具备以下三个条件:

1. 普遍如此：真理必须具有普遍性，不能因为少数人能够言之凿凿，便自以为是真理。比方佛教讲"诸行无常"，认为一切人为的功利都如同梦幻泡影，终会毁坏而归于幻灭。我们翻开一部人类进化史，可知有生就有灭，有成、住就有坏、空，千百年来各朝各代的文明均无所幸免，没有一样能原原本本流传不变的，可知"诸行无常"合乎普遍的特性，是确定不疑的真理。

2. 必然如此：佛教讲"生死炽然"，有生必有死，是不是放诸四海而皆准呢？古人有生死，今人亦有生死；中国人如此，外国人也如此，男人如此，女人也如此；一切有生命的物体最终的归宿都同为坟冢，可知生死是亘古不变的真理。

3. 本然如此：生死的本然特性，可以从生者惧怕死亡的现象上去理解，可见生与死是与生俱来的本然真理，任何时间、空间的人类、生物，都没有办法逃避这个问题，这就是真理。

我们用这三个条件，可以证悟出有生有死的生死流转，确实是我们人生的真理，我们应该正确地信仰这个真理，把贪生怕死、畏惧疑惑等心态都去除掉，重新建立我们对生命的希望，把握生命做更有意义的事业。

其实，佛教的真理，可说是充盈宇宙、布满人心。佛教里有四个关于处世为人的真理：

（一）广结善缘

释迦牟尼佛在菩提树下金刚座上成就正等正觉，他究竟觉悟了什么？就是觉悟我们宇宙人生最根本的真理："诸法因缘生，诸法因缘灭。"

这个缘起论,即是佛教的真理。"有缘千里来相会,无缘对面不相识",在我们的生活上,到处可以印证缘起缘灭的真理。凡事由众缘和合而成,由因缘散失而灭。有了因缘,事事顺遂;因缘不合,处处失利。好比一部机器,里面少了一颗螺丝钉,无论如何努力修护,总是无法启动一样。所以,希望生活幸福,事业有成就,最重要的是与人相处要和谐,处处广结善缘,才能自求多福,美事天成。这就是所谓"业因缘在,业因缘绝;因明因显,缘起缘灭"了。

如何广结善缘呢?

1. 在时间中结缘:比如我现在点头向你微笑,这是结"现在缘";几天之后,你看到我,你也向我含笑招呼,这又进一步结"他日缘"了。说不定从这一个微笑开始,我跟你有了更深刻的认识和了解,结下了生生世世的"未来缘"。所以我们在时间中结缘,不仅要结现在之缘,也要结他日之缘、未来之缘;能够缘缘不绝,善事自成。

2. 在空间处结缘:我们不仅要结"此方缘",还要结"远方缘"、"十方缘"。其实,现在所结的"此方缘",也有可能成为他日"远方缘"的因,而更一步成就了未来"十方缘"的果。所以,时间空间是相续不断、生生不息的,不要看轻任何一个小空间、任何一个微少时间内所做的善事,因为这一粒种子,很可能就是将来茁壮成长的一棵大树。

3. 在人间里结缘:除了结"人缘"外,还要与众生结下"生缘"。结了"人缘"、"生缘"还不够,需更进一步结"佛缘",以和佛结的千年万世法缘,来作为我们生生世世的皈依。

4. 在因缘上结缘:这种缘有三种:"亲因缘"、"改善缘"、"无缘缘"。"亲因缘"是在已有的因缘上再结因缘;"改善缘"是将彼此的关系作调理、改善的努力,使这个缘更美好、更长久。一般的婆媳、妯娌之间,都是有缘才成为一家人,如果能改善原来不好的嫌隙,这个缘就会和善,家庭也更幸福。另外,我们还要结"无缘缘",跟我们有关系、互相认识的人,固然需结无上善缘,即使是跟我们毫无关系、形同陌路的人,也要主动友善地和他们结欢喜缘。譬如你在路上看到一个人滑倒了,立刻扶他一把,跟他点头微笑,他也向你道谢微笑;由于你的广结善缘,你们这两个原本无缘的人就成为有缘人了。

至于用什么方式来结缘呢?

1. 资具结缘:譬如以财物、汤药、日用品等捐赠给他人。我们常常把钱捐给孤儿院,把日常用品捐给灾区,这便是以物资和他人结缘,是一种财布施。

2. 身心结缘:用眼、耳、鼻、口、身、意来和人结缘。我用眼睛向你行注目礼,是眼结缘;用耳朵静静听你讲话,是耳结缘;用嘴巴赞美你,是口结缘;在心里欢喜你、关心你,是心结缘,人与人是连在心里都可以与之结缘的。

3. 利行结缘:我们给人方便、利益、好处,做对他人有益的事,这是利行结缘。往往给人方便,就是给自己方便,给自己结下了未来的利行缘,此即是佛法"他受用即是自受用",自他不二的甚深妙义。

4. 佛法结缘:用真理、知识、技术、佛法与人结欢喜缘。我个人从小在佛门受人恩惠,也受十方大众的呵护,受国家、师长的教导,我之有今天,完全是社会大众的成就。我无以为报,只能用佛法与大家结缘，所以从1949年来台湾之后，台湾的每一个角落，乃至世界各地，我都尽可能去讲演佛法。这个缘愈结愈大愈广，听讲的人越来越多，这些听讲的人，又把所听的内容向没有听过的人传讲。于是，我以佛法向大家结缘，大家又用佛法向更多的人结缘，佛法就遍满虚空，使十方大众都能沾被法益了。

（二）自作自受

"自作自受"的意思是：自己的行为后果完全由自己来承担，这是千古不变的道理。人在世间的幸福与否，都随业力而定，业有善业、恶业之分。我们生活里许多的困厄、不如意，都是自作自受的因果报应，不是由外在的神权来惩罚的。

（三）好心好报

"好心好报"就是善业，所谓"善有善报"，你做了好事种下善业，幸福的果实当然由你来享，别人是无法干预的。这种因果报应的真理也是全凭自己作主，不是神祇所能操纵左右的。

（四）空有不二

"空有不二"是真理，因为"空即是色，色即是空"，真空可以生万有，万有复归于虚空。能够了悟空、有之间的妙谛，在生活上切实地付诸实行，许多的计较、争夺、猜忌都可以消失，而达到物我合一、人我两忘的逍遥境界。佛教里有一则故事：

从前有一个小偷想偷禅师的东西，趁着三更半夜禅师在睡觉时，偷偷溜到禅师的房间里，找了老半天，找不到什么值钱的东西可偷。小偷很失望,正要离开时,一直躺在床上闷不吭声的老禅师说话了:"喂!顺便替我把那个门关好啊!"

小偷吓了一跳,乖乖回头替他关好门,却忍不住抱怨说:"这种门有什么好关的?反正又没有东西好偷。"

禅师莞尔一笑:"是你偷不去,不是我没有。我的东西遍布虚空、充塞宇宙,你有何德何能偷去?"

禅师已证悟真空妙有的道理,所以宇宙万物都是他的身家资财,小偷还是执迷于世间法,以有形的物质为取舍,自然徒劳无获了。

广结善缘的真理,可以引导我们臻于世界大同的和平境地;自作自受的律则,可以约束我们贪取为恶的意念;好心好报的因果,鼓励大家勇于为善;空有不二的妙理,则开启我们无限的丰富生活。这四个真理好比四条路,每一条都可以让我们转迷成悟,证得无上正等正觉,是在家、出家修行的大道和妙谛。

三、迷悟之间差几许?

迷者自迷,悟者自悟,迷悟之间究竟相差有多少呢?

《金刚经》说:"佛说般若波罗蜜,即非般若波罗蜜,是名般若波罗蜜。"古德禅师也说:"是佛法的不是佛法,不是佛法的即是佛法。"乍看之下,好像非常矛盾,其实"是佛法"、"不是佛法",只在迷悟之间。一念转迷,本来是清净的佛法,也变成了污染的世间法;一念觉悟,有漏的世间法都变成了无漏的佛法,所谓"心迷世间转,心悟转世间",就是这个意思。而"迷"、"悟"之别虽仅在一念顿超,却是心地上的功夫,绝不是口舌上的逞能。

有个年轻人正在澄心静虑打坐的时候,正好一位老禅师走过来,年轻人没有起身相迎,禅师问他:"你看到我来,怎么不理我呢?这么没礼貌!"

年轻人学觉悟者的口气说:"我坐着迎接你,就是站着迎接你。"

老禅师一听,立刻上前"啪啪"给他两个耳光。年轻人挨了打,捂着脸抗议:"你为什么打我呀?"

老禅师双掌一合,若无其事地说:"我打你,就是没打你。"

如果还没有达到开悟的境界,而强要捡拾开悟者的皮毛,那是画虎不成反类犬的;迷悟之间的差别由此可见一斑了。

美国夏威夷有一位军人因为参战而殉难,他的遗族请来一位老禅师为他主持告别式。这时候,一般的佛教仪式都会说一些佛法,如"一切有为法,如梦幻泡影",或者是"诸法因缘生,诸法因缘灭"等等。老禅师一想,这些都太老套了,我今天用更有意义的方式来为他告别,也让这些外国人亲炙佛法。他想:这个军人是为了国家战死在沙场上,那么就用最能象征战争的枪声来为他说法。所以禅师开示到最后,就以"乓!乓!乓!"的枪声作结束。在座的人听到这枪声,想到这位朋友是为了护卫国家的安全,才奋不顾身地死于枪口之下,一时大家都闻声痛哭流泪。在场另有一位和尚,看到这三声效果这么好,就依样学了下来,在为另外一位军人举行兵葬仪式时,他也在说法后对空中"乓!乓!乓!"叫了三声,参加仪式的人因为不了解他的用意,结果都哈哈哈大笑起来,成为一场滑稽的告别式。这个和尚没有老禅师的慈悲心和证悟力,同样的枪声由不同的人发出,一个能感动人,一个不能感动人,迷悟之间的不同,真是"差之毫厘,谬之千里"了。

迷者,即是众生;悟者,即是佛。在迷境里面,我们的妄心、妄识交相争夺;在悟的境界里,能知道自己的真心安止何处,无着亦无系。所以迷悟之别,就是凡夫与圣者的分界线。

在我们的社会里,凡有破坏性的是迷;凡有建设性的就是悟。

有人用造谣生非来破坏社会的和谐;有人专门从事不法勾当,破坏国家的安全;有的用写文章来揭人阴私、损人名誉……这些都是仍在迷境妄识里的现象,所作所为、所言所语都具有破坏性,威胁到社会国家的和平安全。例如,一些重大的经济犯,他们在国内亏损了许多人的辛苦钱,自己潜逃到国外一了百了,罔视他人的痛苦,就是损人利己的执迷不悟。这种自心迷昧而不知醒悟的人,是不能了知佛法的,按照佛教的真理,他们必然会受到因果报应的制裁。

《百喻经》中有一则譬喻故事说:从前有一个人应邀去朋友家赴宴,受到主人的殷勤接待。吃到其中一盘菜时,跟主人说:"这盘菜太淡了,没有味道,不好吃!"

主人听了,立刻道歉说:"太淡了吗?请您稍等,再加一点盐就好了。"

于是主人拿了一把盐来搅和,问:"您再尝尝看,这回不淡了吧?"

那个人吃了一口,不觉拍掌而笑地称赞起来:"好吃多了,好吃多了,加了一把盐以后,这菜的味道果然大大不同了,真是不可思议!"

他把这件事铭记在心里:原来菜的味道好,是从盐中得来的。

回到家,就抓一把盐往嘴里吞;当然,是苦涩不堪了!

佛法讲求觉悟的道理,如同盐一般,应用得好、用得妥当,人生的滋味无穷;如果矫枉过正,求悟反迷,那么就如同笨人吃盐一样,贪求无益不说,到最后还可能伤到自己,不能觉照万千妙谛。

另外有一种人,他处处为你、为我、为他、为大众谋求幸福,为人公正,肯自我牺牲,这种人哪怕他的能力有限,只能做很小的事,他仍然是一个有证有悟的人,是我们社会最需要的智慧者。因此,愚痴、执着、自私的人是迷者;智慧、牺牲、公正的人是悟者。迷与悟之间的差别,只在"一念之间",一念之间可能即是四万八千里的距离,也就是"拟心即差,动念即乖;有人解者,即在目前"。

四、转迷成悟有几人?

我们如果只知愚昧、自私地执着于人生的一切假象,是永远不能解脱超生的。

五通梵志是佛陀的弟子,有一天,他在深山悬崖边行走时,不小心脚下滑了一步,从悬崖边垂直坠落下去。当他失魂落魄跌下的一瞬间,随手抓住一棵小树的枝干,竟然绝处逢生,整个人不再坠落而悬挂在半空中摇晃不定,非常危险。梵志眼看头上的树干快要支撑不住他的体重了,心里十分恐慌,大喊着:"救命啊!救命啊!"

恰巧佛陀路过此地,听到他的求救声,就赶来救他。佛陀说:"我实在很想救你,可是你恐怕不会照我的话去做。"

梵志指天誓地地说:"佛陀,我快要掉下去了,求您赶快救我,您说什么我一定听!"

佛陀说："好，你把手放开。"

梵志一听，低头看看万丈深渊的悬崖绝壁，心都吓飞了，非常害怕地说："我好不容易才抓到这一根枝干，您怎么反而要我放开？我一放手，就会掉下去活活摔死啊！我怎么能放手呢？"

佛陀摇摇头说："梵志，放下！"

梵志仍然死命地抓着不放。

这则故事是说众生执着痴迷，既不肯放下贪、瞋、痴，又要求得解脱，终究还是永远困在迷境妄识里面，不能证悟得道。古德说："坐破蒲团不用功，何时及第悟心空？真是一番齐着力，桃花三月看飞红。"千百年来，人间真正能转迷成悟的又有几人呢？

有道是："但能识得娘生面，草木丛林尽放光"，古来的禅师大德，一旦转迷成悟，不仅双手尽离贪、瞋、痴诸烦恼的枝干荆棘，而提升至一片光明欢喜的悟者境界，就连无情的草木林石，都沐浴着他的法喜而欣欣向荣。古往今来许多转迷成悟的禅师事迹太多了，他们都是在这个惺惺不昧的向上一念中解脱，寻到本来面目的。

药山禅师悟道之后，看万事万物都是"荣也好，枯也好"，虽荣犹枯，虽枯犹荣，何等自由逍遥。

灵佑禅师自称要投生做老牸牛，超越了物我之分，是"天地与我并生，万物与我合一"的境界。

临济禅师栽松，要为后人做榜样，更是把他悟得的古道热肠分与众生共享。

古贤大德的契悟，给现在的人留下了很好的榜样。在我们的社会中，也有一些悟得大智慧的人，把他们的精神、力量都投注在全民的福祉上,这就是现代的悟者。

除了有慧根的人能够转迷成悟以外,就是十恶不赦的人,若能及时回头,痛改前非,他仍然可以算是一个悟者,能够获得宁静、安详地解脱。

有一个无恶不作的坏人,有一天他被警察抓到了,却怙恶不悛,不知悔改,一失手把警察也打死了;逃亡了五六年,在别的地方又犯下案子被逮捕起来。大家一看,他就是五六年前在某地杀死警察的人,于是把他押回原地去法办。当他下火车的时候,当地的老百姓听说犯人捉到了,都跑到火车站,等他一下车,大家就愤怒地丢石头,要打死他。押他的警察叫大家冷静下来,把他押到一位手抱小孩的妇人面前,对那个五六岁的小孩子说:"孩子,他就是杀死你父亲的人,他害你一生出就没有爸爸!你要不要打死他?"

小孩子没有讲话,只张着眼睛看那个坏人,眼泪一直流个不停。这个犯人本来是个穷凶极恶的人,此时看到这一对母女流着无辜的眼泪默默望过来,心里不觉万分惭愧,朝地上一跪,痛苦地说:"我是世间上的罪人,请您原谅我,我情愿被枪毙,以死来谢罪,请您原谅我!"

这时原来想打死他的老百姓看到他这样真心忏悔,不但不打他了,还跟着他哭起来。

所以,一念之差执迷,害人害己;一念之间觉悟,大家接受他、同情他,就算他最后仍要接受法律的制裁,他的心境也是平坦、无憾的;大家对他原先再怎样的鄙视痛恨,此时也是赞赏、感动的。在慈悲包容之前,不论如何顽迷凶恶的人,也会幡然醒悟的。

悟,不分男女老幼,不分愚智贵贱,人人都可以转迷成悟。那

么悟后的境界,又是什么风光呢?无门和尚有一首诗偈说明:

　　春有百花秋有月,夏有凉风冬有雪;

　　若无闲事挂心头,便是人间好时节。

如果我们心中能不住一法,不着万有,不为纷扰杂染的世相所迷惑,便能享受光风霁月的悟境之乐;正所谓"参禅何须山水地,灭却心头火自凉"。

　　　　　　　　1983年11月15日讲于彰化县政府大礼堂